JANELAS IRREAIS
UM DIÁRIO DE RELEITURAS

**JANELAS IRREAIS
UM DIÁRIO DE RELEITURAS**

Felipe Charbel

/re.li.cá.rio/

© Relicário Edições, 2018
© Felipe Charbel, 2018

DADOS INTERNACIONAIS DE CATALOGAÇÃO NA PUBLICAÇÃO (CIP) DE ACORDO COM ISBD

C469j

Charbel, Felipe

Janelas irreais: um diário de releituras / Felipe Charbel. – Belo Horizonte, MG : Relicário, 2018.
190 p. ; 14 x 21 cm.
ISBN: 978-85-66786-73-6

1. Literatura brasileira. 2. Diário. I. Título

CDD 869.8992

2018-934

CDU 821.134.3(81)

COORDENAÇÃO EDITORIAL Maíra Nassif Passos
PROJETO GRÁFICO Ana C. Bahia
DIAGRAMAÇÃO E CAPA Caroline Gischewski
ILUSTRAÇÃO DA CAPA Roberto Bellini
REVISÃO Lucas Morais

RELICÁRIO EDIÇÕES
Rua Machado, 155, casa 1, Colégio Batista
Belo Horizonte - MG, 31110-080
relicarioedicoes.com | contato@relicarioedicoes.com

Não é possível ler um livro. Só é possível relê-lo.
Um bom leitor, um grande leitor, um leitor criativo e ativo,
é um releitor.
Vladimir Nabokov

Malogramos sempre ao falar do que amamos.
Roland Barthes

O que há detrás da janela?
Roberto Bolaño

9	UM DIÁRIO DE RELEITURAS
17	ENSAIO
45	A COISA REAL
81	O CÍRCULO E A LINHA
107	O CANTO DA SEREIA
187	AGRADECIMENTOS
189	SOBRE O AUTOR

UM DIÁRIO DE RELEITURAS

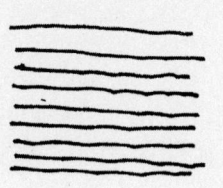

A casa da ficção não tem uma, mas um milhão de janelas.
Henry James

Em junho de 2014, quando voltamos ao Brasil — a Hanna e eu — depois de uma curta temporada vivendo no exterior, uma fala de Iago, o antagonista de *Otelo*, martelava em minha cabeça da hora que eu acordava até o momento de ir dormir, e mesmo durante o sono: "*Eu não sou o que sou*".

Alimentamos um bocado essa fantasia, a de morar fora. E os nossos planos eram até modestos: ir para um lugar onde falassem outra língua (a que tínhamos em comum era o inglês) e esbanjar com gosto os nove meses de ócio (consegui uma licença na universidade em que trabalho). Nada demais. Tudo bem trivial. Era para ter dado certo, enfim. E só o que conseguimos foi infernizar a vida um do outro.

Fizemos uma opção pelo clichê, Nova York. Mas em qualquer outro lugar teria sido o mesmo caos. Afeiçoados às pequenas aflições que transportamos na bagagem, trancafiados num quartinho para escapar dos rigores do inverno, não nos sobrava ânimo para socializar, conhecer gente, fazer amigos — logo, para praticar o idioma. Ainda por cima, eu andava obcecado com a sombra do meu pai: quase diariamente ele me aparecia em sonhos e em lembranças pantanosas.

Perto dos quarenta anos, sem filhos, um segundo casamento indo para o ralo, sentia como se me faltasse uma assinatura na vida — o toque de autenticidade de um Iago. *Eu não sou o que sou*, repetia e repetia. Pura canastrice. Da forma como me enxergava, eu não passava de um robô do pensamento, catedrático de coisa nenhuma, perito em generalidades. "Por ter subsistido tantos anos numa dieta intelectual rigorosa, à base de tratados de filosofia e de textos teóricos densos", escrevi no meu diário, "sinto como se a minha existência interior fosse um aglomerado de ideias feitas. Tomadas em conjunto elas formam um mosaico imponente, um aparato vistoso. Mas sem grande serventia. Agamben tem se mostrado inócuo para aquietar o fantasma do meu pai. Não há o que Derrida possa fazer para pacificar o meu convívio com a Hanna".

De volta a Copacabana e ao convívio dos meus livros, pensei em agir como sempre tinha feito: me esquivando dos problemas. Só não imaginava que as leituras daqueles meses intranquilos tivessem produzido um estrago tão grande. De duas me lembro perfeitamente — escrevi sobre elas no diário. Falo das *Confissões* de Rousseau, e da *Novela luminosa*, de Mario Levrero. O que me interessou foi como os dois se pintavam de um jeito honesto, sem joguinhos com o leitor, sem forçar as barreiras (o crítico e os seus clichês) entre verdade e fingimento. São livros que resistem à ficção. Neles a escrita se confunde com a pessoa dos autores, emprestando um estilo, o afã das convicções fortes, a vidas cambaleantes. Emilio Renzi: "o estilo não é outra coisa senão a convicção absoluta de ter um estilo".

Já faz quase dez anos ganhei as *Confissões*, presente da minha mãe. Meu pai tinha morrido uns meses antes, e, conhecendo a natureza esquiva do filho que botou no mundo ("a literatura te comove mais do que as pessoas"), ela deve ter imaginado que só um livro me faria superar o torpor do luto, abrindo uma trilha na mata fechada do meu inconsciente. Talvez por isso — o que os psicólogos chamam de resistência — eu tenha mandado as *Confissões* direto para a estante. Nem mesmo as folheei. Mas volta e meia pensava em minha mãe, pensava em Rousseau, e mesmo à distância o livro me fisgava. Até que um dia, extenuado pela inconstância do meu ego, quis me nutrir de pensamentos vigorosos. Não foi uma leitura prazerosa. Ainda assim, escondida entre as descrições de dores renais e de pequenas vilanias, perdida entre comentários sobre o asseio das roupas brancas e os cuidados com a peruca empoada (a gordura narrativa é saborosa como torresmo), encontrei uma passagem que, no contraste com a miudeza dos meus dilemas, me pareceu enormemente inspiradora. Falo de quando, desenganado por um médico de província, Rousseau tem a ideia de fazer uma reforma na sua subjetividade.

Rousseau não morreria em seis meses. Mas os alicerces da sua recauchutagem moral — farejando o hálito da morte ele logo tratou de pô-la em prática — penetraram em minha mente como estaca em terra mole: não se importar com o julgamento alheio, sondar os labirintos do eu, perseguir o que é "bom e razoável em si". Sob a influência de quem se dizia inimitável, terminei as *Confissões* com a certeza de que precisava de reparos na minha vida interior. É que sempre me pautei em demasia pela opinião alheia, e sinto grande satisfação com o afago dos elogios — e no conforto de me saber amado, mesmo que por pessoas desprezíveis. Não ambiciono ficar rico, mas todos conhecem a soberba dos que se veem como intelectuais: nossa moeda é o aplauso. Quanto ao conhecimento de si, sempre achei uma falácia, ardil de Sócrates para encobrir a verdade fundamental da existência: a inviabilidade do ser. Já do "bom e razoável em si" jamais tive notícia. Se estivesse com os dias contados, não saberia no que me agarrar. Fora as incertezas, só o que reconhecia como traço genuinamente meu, e isso desde sempre, era a avidez pela leitura. Talvez pudesse partir daí.

Além do desejo por uma reforma, as *Confissões* inocularam em mim o bacilo literário, a ânsia por uma nova forma de escrita. Não era a primeira vez que me via acometido de tais inconveniências. Mas ao contrário de outras épocas, já não pensava em construir personagens ou fabular "situações representativas". Inventar historinhas a essa altura da vida — não, eu me sentiria ridículo. O que buscava era ao mesmo tempo mais simples e penoso: encontrar uma expressão para chamar de minha, forjar uma assinatura. Vasculhar as entranhas da mente não para desvelar algum segredo, mas para me espantar no percurso.

Se em Rousseau o romance engatinha e quer ficar de pé com as próprias forças, em Levrero o gênero já está moribundo. E mesmo assim tem um espasmo de vitalidade. Cheguei ao escritor uruguaio por sugestão de um amigo, obcecado por livros inclassificáveis. "Toda a sua confusão mental se explica pela posição dos astros na hora do nascimento, meu velho. Leia a *Novela luminosa*, quando foi que te recomendei livro ruim? Há algo de excepcional no manejo do elo entre romance e diário neste livro". Ainda segundo o meu amigo, o Antonio, o que Levrero faz é deslocar a escrita íntima dos bastidores para o centro, dando ao diário ares de Obra. "Não mais uma atividade clandestina, a antessala da literatura, mas o palco principal da comédia humana, onde o ridículo e o patético são expostos quase sem retoques, só com alguma censura e de um jeito moderadamente romanceado". Há alguns anos eu mantinha um diário, e o Antonio sabia disso — tirando cinco dos nove meses em Nova York, escrevo nele com certa regularidade. Daí a sugestão. "Você já iniciou a tal reforma e nem se deu conta".

Preenchi um caderno inteiro em apenas três meses, e em outubro de 2014 iniciei a transcrição do material. Não passei da primeira entrada. Ao desligar o computador me sentia estranho, tinha febre e cólicas biliares. Fiquei duas semanas em casa, custei a me recuperar, emagreci três quilos. Larguei o caderno num canto e dei por encerrada a minha reforma. Tanto esforço me parecia inútil, rota de fuga das urgências mais reais. Eu tinha me engajado em um *Diário da evasão*: "meu *modus operandi* na vida é desviar o quanto posso do que incomoda, e me agarrar sempre que possível aos prazeres imediatos: a bebida, a comida, a leitura ou mesmo o trabalho. Fiz da evasão uma arte, a procrastinação transformei em método. Mas se for para me esquivar, não vejo sentido em vir aqui. A verdade não é a faixa final, linha de chegada onde me receberão com louros e aplausos. Ela é só um ponto de partida — e de todo modo ninguém se importa". E a última entrada manuscrita: "ao que tudo indica encontrei a razão por que venho aqui. Escrevo para quebrar as engrenagens do autoengano. Para forçar uma falha no sistema. Para causar um tilt, um curto-circuito nessas fiações cheias de limo. Para alagar a minha cabeça e pressioná-la a transbordar".

Se naqueles dias o apetite me faltava, ao menos na leitura eu esbanjava voracidade: devorei cinco romances em duas semanas. Nenhum deles inédito, o que se explica pela vigilância cerrada dos meus censores internos, sempre elegendo as obrigações de trabalho como prioridades. É que naquele semestre eu lecionava um curso bem pesado, e selecionei a ninharia de sete, sete romances para comentar em sala de aula. O bom do mal-estar, talvez sua razão de ser, é que adiei uma série de compromissos para me dedicar às releituras. E uma delas me consumiu num prazer agoniado: a de J. M. Coetzee, *À espera dos bárbaros*. Apesar da intimidade com o autor, com a sua obra, era apenas o meu segundo contato com o romance, num intervalo de dez anos. Estimulado talvez pelo estado febril, fui tragado de tal maneira, me senti tão absorvido na leitura que era como se tivesse me deixado capturar pelos agentes do Coronel Joll, funcionários de um Império alheio ao tempo, situado em lugar nenhum — e isso para gozar uma ilusão, a aventura pela terra ignota de cujos confins ninguém retornou. Eu estava de volta à cidadela, às ruas escuras cercadas por um muro de pedras sem reboco, onde eu subia, no fim da tarde, para observar a solidão da terra dos nômades, as suas tendas e os seus fogos, os cavalos suarentos e os cachorros descarnados. Da trama em si retive bem pouco, mas aquelas pessoas, aquele deserto, aqueles bichos, aqueles becos, eles eram assustadoramente familiares.

Ao terminar o romance me dei conta de que, em uma década, eu havia passado por uma metamorfose como leitor. A imaginação pictórica, inventiva, fecunda, selvagem, tinha dado lugar, por força do ofício — a crítica literária —, a um modo analítico e controlado de apreciação estética, às boas maneiras na leitura. Eu já não era o viajante calado, um hospedeiro atento e despercebido, e sim o anatomista soturno, seccionando frases como se fossem tendões, serrando tramas como se atravessasse costelas, dissecando o estilo como quem rasga a pele de um cadáver. Me tornei um perito. Mas um perito sem perícia, reprodutor de fórmulas prontas. Alguém que jamais se enxerga num sublinhado, em rabiscos vergonhosos, nas glosas apressadas nas margens de um livro.

Guardei *À espera dos bárbaros* e imaginei que, se me dedicasse às releituras, talvez pudesse regenerar não apenas o leitor que fui em outros tempos, mas a pessoa que deixei de ser. Refazer as trilhas de um cânone sentimental, voltar a meus clássicos particulares, escrever percursos em vez de sínteses retrospectivas. Em suma, contar a leitura como se narra uma história, num diário que expusesse fatias carnudas da minha vida, mas embrulhadas pelas fantasias de um leitor. Deixei um pouco de mim em cada um desses livros. Estava na hora de recolher as migalhas e, a exemplo do que fazem as crianças com o restinho do pão, esculpir alguma coisa a partir do nada. Quem sabe dar forma a mim mesmo, no absurdo fluxo dos dias — abrindo a vida ao manusear os livros, descortinando o mundo através de janelas irreais.

Rio de Janeiro, março de 2017

ENSAIO

A palavra "escrita" é o oposto da palavra "espera."
Roberto Bolaño

11 de janeiro de 2015

Fui cordialmente convidado a escrever sobre Roberto Bolaño. Tive que aceitar. Prometo o ensaio há quase dois anos e só o que fiz até agora foi adiar a escrita. Tentei escapar de todo jeito. Aleguei que não sou especialista em literatura latino-americana, aleguei a necessidade de reler os contos e os romances (o que terminei fazendo com muita alegria), aleguei a proximidade de uma viagem que me deixaria nove meses longe do Brasil, aleguei que estaria sem os meus livros nessa viagem. Nada disso atenuou o entusiasmo do organizador da coletânea, o Antonio. Ele quer um ensaio sobre Bolaño. E não precisa ser um artigo acadêmico. Qualquer coisa está valendo, meu velho, notas soltas, citações empilhadas, comentários avulsos, um texto sobre a impossibilidade do texto (isso não, eu disse, isso eu não faço). Por fim ele apelou para a chantagem barata: o livro só sai com um texto seu. O primeiro livro sobre Bolaño publicado no Brasil. Vai ficar de fora?

12 de janeiro

Minha ideia inicial era escrever sobre crítica. Sobre como, num universo ficcional em que a literatura é o que há de mais urgente, a crítica adquire, de forma quase automática, um lugar de centralidade. Partiria de comentários de Bolaño sobre o tema, espalhados aqui e ali em ensaios, textos de ocasião, colunas de jornal e entrevistas: os críticos "trabalham na intempérie, na obscuridade"; o que eles fazem é também literatura; o crítico é um leitor, mas um leitor criativo, um leitor criador ("o que é interessante no crítico literário, e é aí que peço criatividade, criatividade a todos os níveis, é que ele se assuma como leitor, como um leitor endêmico capaz de discutir uma leitura, de propor diversas leituras, como algo completamente diferente do que a crítica tende a ser, que é como uma exegese ou uma diatribe"). Partiria desses comentários para traçar um ideal da crítica em Bolaño. Escreveria sobre o duelo entre Arturo Belano e Iñaki Echavarne em *Os detetives selvagens*, e os ecos dessa alegoria, ao mesmo tempo burlesca e perturbadora, na minha formação como leitor. Escreveria sobre a imersão maníaca (a única possível) de Pelletier, Espinoza, Morini e Liz Norton na obra de Archimboldi, e os esforços para fazer a vida emergir da exegese textual. Acima de tudo, escreveria sobre Amalfitano e os seus dois destinos — especialmente o do professor de literatura de *Sinsabores*, que certa vez deu um curso sobre Rodolfo Wilcock e "tinha Nicanor Parra em maior consideração que Octavio Paz", que traduziu *A rosa ilimitada* do obscuro francês J. M. G. Arcimboldi e participou ativamente da revolução Sandinista, que verteu Osman Lins para o espanhol e descobriu sua "homossexualidade ao mesmo tempo que os russos descobriram sua vocação capitalista". Amalfitano como a alegoria do leitor-criador, alguém que fez do eu uma obra de arte e com isso encarnou a utopia da crítica. "Por algum tempo a Crítica acompanha a Obra, depois a Crítica se desvanece e são os leitores que a acompanham. A viagem pode ser comprida ou curta. Depois os leitores morrem um a um, e a Obra segue sozinha, muito embora outra Crítica e outros Leitores pouco a pouco se ajustem à sua singradura". A crítica com C maiúsculo: o que ela sinaliza em Roberto Bolaño?

Mas ando sem gana para a ciência da literatura — sustentar argumentos, fundamentar ilações, encontrar exemplos, cotejar com o original. E sinto que já expus, no parágrafo anterior, o equivalente ao estado atual do meu pensamento sobre o tema, a utopia da crítica em

Bolaño. Ir além seria atravessar um terreno perigoso, e cravar meus alicerces sobre um campo minado: o desejo de estar certo. Produzir provas é um dispêndio de energia criativa (ou resultado da falta dela, não sei bem). Energia que posso empregar relendo mais uma vez os livros de Bolaño. Que ao fim é o que me interessa em relação a ele: sempre voltar ao que escreveu.

13 de janeiro

O bom nessa história de não escrever um ensaio — que é um processo bem mais desgastante que o de simplesmente escrever o ensaio — é que reli o que podia de Bolaño, e li muita coisa que não conhecia. Por exemplo as entrevistas. Hoje tenho um conhecimento mais vertical da sua obra. Mas o que desejo é que esse conhecimento se preserve como me aparece agora: em imagens desconexas, em impressões efêmeras, em frases não formuladas. Elas podem até escapar de mim, mas não quero que escapem no processador de textos — nome estranho, me faz pensar em salsichas e apresuntados, em frases remoídas até virarem uma maçaroca vulgar e suculenta. Não quero que essas frases, imagens e impressões sejam trabalhadas no Word, mas que apareçam espontaneamente num café com um amigo, numa mesa de bar, numa aula pouco concorrida. Ou então nesse diário manuscrito. Prefiro que esse conhecimento exista como latência.

*

INBOX PARA O ORGANIZADOR — Comecei o ensaio sobre *Os detetives*. Que será o diário de uma releitura. A primeira entrada explica o procedimento. As seguintes acompanham as minhas impressões dia a dia. E isso será tudo. Nenhum argumento. Nenhuma referência a Benjamin ou a Agamben. A vaca hermenêutica com seus úberes enrijecidos de leite não ordenhado.

14 de janeiro

Dos livros de Bolaño, só não reli *Os detetives selvagens* nesses vinte meses que separam a solicitação do ensaio e a passagem à escrita. Deixei para o fim por uma razão sentimental: foi o primeiro de que gostei (*Noturno do Chile* me aborreceu profundamente). Deixei para o fim porque fui muito feliz em 2007, lendo esse livro. Na verdade não fui feliz em 2007. Só fui feliz como leitor. Descobri Bolaño, descobri Don DeLillo, descobri Cícero e Quintiliano, li Plutarco, li *As ilusões perdidas*, li as *Cartas a Lucílio*, li tudo o que podia de Coetzee e de Philip Roth, li Alice Munro e Safo de Lesbos, li *O continente* de Érico Veríssimo e o chatíssimo *Os anos de aprendizado de Wilhelm Meister*. De resto, a minha existência era pálida e inexpressiva como as paredes de um sanatório. Passava os dias entocado no décimo sexto andar de uma torre erguida num dos lugares mais ermos, uma das últimas fronteiras desabitadas da cidade, o Recreio dos Bandeirantes — nome que me faz pensar em longas jornadas a pé de uma gente rude e desprezível. Ali tudo é Oeste. Nenhum amigo ia me visitar. Só o que havia por perto eram hipermercados e postos de gasolina. Poucos bares, nenhum café. O apartamento em si não era mau, e nele eu tinha acesso aos confortos pequeno-burgueses que um doutorando de classe média, recém-casado com uma enérgica professora de cursinho e morando de favor graças à generosidade do pai, conseguia se proporcionar naqueles dias. Por exemplo, uma poltrona reclinável, até hoje comigo. Quase tudo o que li nos últimos anos, tirando os nove meses que morei em Nova York, li nessa poltrona. Atualmente ela está desbotada e meio bamba, manchada por verões longos e intransigentes — e mesmo em outro bairro e em outro apartamento, a poltrona segue próxima da janela, em contato com a luz do sol e a poeira da rua, nocivas para o estofado mas convenientes para o leitor, que se beneficia tanto da incidência de iluminação natural como, num nível mais sutil, da dança dos floquinhos na claridade semiofuscante, quadro universalmente reconhecido como confortável à leitura.

É nesta poltrona que vou reler *Os detetives*, e será nela que, em um caderno sem pauta e de capa dura, farei as minhas anotações sobre o romance de Bolaño, tentando recriar a primeira e única leitura que fiz, sete anos atrás. Quero recriar também a pessoa que fui e, assim acredito, deixei de ser, mas que ainda existe dentro de mim como um pedaço de carne mal digerida. O reencontro pode ser assustador. Há algo que não sou capaz de expressar em frases coerentes e bem-articuladas, uma sensação de incômodo, de que esqueci alguma coisa no cenário do meu primeiro casamento — algo que me prende ao passado, me paralisa num ponto remoto, e faz com que tarefas corriqueiras, como escrever um ensaio acadêmico ilegível, venham se mostrando a cada dia mais penosas.

15 de janeiro

A primeira coisa que noto ao pegar na estante e folhear *Os detetives selvagens* é que o meu exemplar parece intocado. Sua aparência é virginal. Em 2007 eu não rabiscava os livros de literatura, e fazia de tudo para não amassar a capa ou marcar a lombada. Já nos livros que usava para a tese eu deixava marcas visíveis para quem viesse depois — ninguém, na verdade, pois eram obras de interesse limitado, bibliografia secundária sobre autores obscuros de épocas remotas, nada que as pessoas costumem pedir emprestado. Povoava as margens com anotações a lápis, em letra de forma quase ilegível de tão miúda, e sublinhava as frases freneticamente, com uma régua de metal que roubei do meu pai. Mas a literatura eu não marcava. Era importante que os contos, poemas e romances permanecessem intactos, sem lesões ou rabiscos — talvez porque eu acreditasse que a literatura fosse uma manifestação da ordem do sagrado. Ou então não era nada disso. Vai ver que simplesmente eu não queria perturbar o prazer da leitura, e apenas evitava as interrupções supérfluas. Precisava mergulhar nas narrativas — em 2007, isso era uma urgência, o imperativo da imersão ficcional. Eu não podia estar fora do livro, submetendo-o a torturas degradantes, se estava *dentro* dele. Por esse motivo, a reconstituição da primeira leitura de *Os detetives* será feita sem o apoio de vestígios materiais. Precisarei me guiar pela memória e pelo faro — o que, para um historiador de formação, não deixa de ser um martírio.

16 de janeiro

À releitura, enfim, depois de resolver uma série de pendências práticas que me ocuparam na última semana, como a resenha do livro mais recente de um renomado crítico italiano, prometida para o mês passado. É cada vez mais laborioso escrever esse tipo de texto. Elevei a procrastinação a seu máximo refinamento, e fiz da reescrita dos meus textos uma antessala da insanidade.

*

MEXICANOS PERDIDOS NO MÉXICO (1975) — Lembro que o título da primeira parte me impactou em 2007. Porque sempre me considerei um brasileiro perdido no Brasil. Embora até aquele momento eu não soubesse disso.

*

O DIÁRIO DE GARCÍA MADERO — Conforme avanço na releitura duas impressões vão se formando, inseparáveis: (1) não retive absolutamente nada da trama, é como se lesse o livro pela primeira vez; (2) o diário do García Madero é formidável.

García Madero tem 17 anos, está começando a faculdade de direito e não tem vocação para trabalhar com as leis. Assim como ele, também comecei uma graduação em direito. É bem verdade que aos 17 anos eu mantinha um diário, escrevia poemas e estava certo de que não seria advogado. Mas as semelhanças param aí. García Madero — um jovem desejado pelas meninas e cobiçado pelos cabeças de um desimportante movimento vanguardista — enchia o seu diário com frases potentes:

"a corrente alternada da tragédia se sentia no ar", "agora estou lendo os poetas mexicanos mortos, meus futuros colegas", "não posso passar a vida batendo punheta", "dois pares de olhos brilhantes, como de lobos no meio de um vendaval". Já no meu diário só havia lugar para bobagens pueris, "almocei estrogonofe e de tarde fui ao cinema ver Forrest Gump", "minha mãe me acordou às 15 horas reclamando que durmo muito", "meu pai reclamou que minha avó reclamou que minha mãe reclamou que estou muito gordo e não tenho objetivos na vida, uma avó reclama que eu não tenho trabalho, a outra que não tenho namorada, e todos se queixam da minha falta de rumo". Minha única vantagem sobre García Madero — e mesmo isso é questionável — é que aos 17 anos eu efetivamente existi.

*

Cinquenta e seis páginas em três horas e oito minutos. Contando duas breves interrupções.

*

INBOX COM O ORGANIZADOR

EU: Gosto deste primeiro parágrafo: "Consta que uma das maiores preocupações de Bolaño em seus últimos dias era garantir o sustento da família. Preocupou-se à toa. Com o sucesso da recepção de sua obra quando estava vivo, e que só se multiplicou, e com a notável astúcia gerencial dos administradores de seu espólio literário, recursos não hão de faltar para seus dependentes. É por força do trabalho desses gestores que podemos ter acesso a este *As agruras do verdadeiro tira*, e isso merece menção por estar associado a uma característica marcante do livro: seu caráter de esboço, material de trabalho, papéis em processo de uso e elaboração pelo autor".

ELE: Ótimo. Pois abrir com isso dá uma nota "meta" já na entrada. Caráter de esboço do corpus e ensaio sobre o corpus.

EU: Você se lembra que você escreveu isso aí, não lembra? Ou se esqueceu?
ELE: Claro que não lembro.
EU: Porra!!
ELE: Piada pronta sou eu. Mas agora que você falou, claro, veio logo, é a resenha de *Sinsabores*.
EU: Isso vai entrar no ensaio.
ELE: Que maravilha. Passo à posteridade como desmemoriado e criptoamnésico ao mesmo tempo.

17 de janeiro

Ontem à noite, relendo o que escrevi até agora, fiquei com a impressão de seguir um caminho enviesado ao me comparar a García Madero. Imaginei que fugia do meu propósito original: reconstruir a primeira leitura de *Os detetives*. Mas está tudo ali, me dei conta hoje cedo — nas notas do meu diário de adolescente tardio. Os antecedentes da influência desse romance na minha vida formam um quadrilátero: não tenho trabalho, não tenho mulher, sou gordo e estou sem rumo na vida. Em 2007, eu pesava 120 quilos, vivia com uma modestíssima bolsa de estudos e escrevia uma tese de doutorado (mas o que desejava era "fazer literatura", mesmo sem ter talento ou algo a dizer). Para piorar, eu tinha entrado por inércia num casamento que nem deveria ter começado. 2007 foi o ano da evasão. Evasão pela comida, evasão pela bebida, evasão pela internet e evasão pela leitura. Se bem que as duas últimas, a evasão pela internet e a evasão pela leitura, se confundiam nas tardes vadias do apartamento do Recreio. Lia romances, de preferência infinitos (vem dessa época o gosto pelos calhamaços), e nos momentos de tédio escrevia longos e-mails para uma ruiva que não encontrava há quase dez anos (eu dividia com ela um blog chamado *mal-estar*, nome que logo mudamos para *dondelillo*, sob o impacto da leitura de *Ruído branco*). E também "trabalhava em meu romance" — na realidade um amontoado de cenas desconexas, em que as personagens fumavam como autômatos e se deslocavam de um ponto a outro da cidade, só porque o autor não tinha ideia do que fazer com elas. De resto, mantinha um perfil secreto em uma antiga rede social (com uma foto do Walmor Chagas e o apelido de Rummenigge Dantas), e acessava uma comunidade quase clandestina de leitores de ficção. Ali ouvi falar pela primeira vez em Roberto Bolaño. Ali ouvi falar pela primeira vez em quase todo mundo. *Os detetives selvagens* foi o primeiro romance que li por influência dos membros da comunidade — anônimos que usavam avatares com fotos de palhaços ou de bebês embriagados, e ostentavam nomes improváveis como Aviário do Mário, Refrator de Curvelo, Dina Zagreb, Ductilíssimo Hernández, Stursa Bulandra e Kelvin Falcão Klein. No meio dessa gente que tinha lido a porra toda, de Carlos Dufoo Hijo a Petrus Borel, de Leonid Tsípkin (o incontornável *Verão em Baden-Baden*) a David Albahari, eu agia como García Madero nos primeiros dias de real-visceralismo, procurando afoitamente todos os livros que Ulises Lima e Arturo Belano diziam valer a pena ler. Tinha a sensação de fazer parte de algo relevante, mesmo na periferia do ciberespaço — éramos poucos e ninguém se interessava pela gente. Foi o mais perto que estive de me filiar a um coletivo. Não que quiséssemos ser uma vanguarda, longe disso: nosso único ato de transgressão era gostar de literatura numa época em que isso era uma espécie de deselegância com o pensamento. Mas ali no planeta Orkut, a *long time ago in a galaxy far far away*, leitores de avidez desmesurada se contaminavam mutuamente e travavam seus duelos. E como nos universos febris de Bolaño, a literatura era para aquela gente uma questão de vida ou morte.

18 de janeiro

A EDÍCULA DAS IRMÃS FONT — Maria não dá bola para García Madero. Angélica não dá bola para Pancho Rodríguez. Elas têm menos de 20 anos (Angélica tem 16) e sonham com dançarinos de vanguarda, poetas promissores, pintores surrealistas, universitários de esquerda. Estão se lixando para o realismo visceral, no que fazem muito bem. Já os garotos não cabem em si. Fazem parte de um movimento literário obscuro, se sentem os últimos vanguardistas do século XX, roubam livros, passam as tardes jogando conversa fora nos cafés e bares da rua Bucareli. Até escrevem alguns poemas, e têm a atenção diária dessas jovens atraentes, ricas (se bem que uma riqueza decadente) e talentosas (Angélica, pelo menos, é talentosa). Angélica não tem pressa para ceder às investidas de Pancho. Age como se esperasse coisa melhor. Maria não dá trela para García Madero. Se tem interesse, dissimula bem. É inclusive um pouco estúpida com ele. Até que Angélica e García Madero começam a trocar olhares, e insistem, se aproximam — e esse interesse repentino é o suficiente para Maria levar para a cama a mais nova aquisição do movimento, e submeter a irmã aos ruídos do seu colchão de molas. Devia ser bom ter 17 anos na década de setenta e gastar o tempo naquela edícula. Me lembro de uma noite de verão, abafada como a de hoje, em que bebia com um grupo de amigos e de amigas, todos leitores de Bolaño. Lá pelas tantas (estávamos na Adega Pérola e comíamos alho cru com sardinhas fritas) decidimos virar o ano na Cidade do México. Talvez o que desejássemos no fundo fosse passar uns dias na casa da família Font. Ou que as irmãs, afetando indiferença, nos oferecessem um cantinho no chão da edícula, onde pudéssemos esticar os nossos sacos de dormir na expectativa de que, no meio da madrugada, por falta do que fazer ou curiosidade antropológica, uma das duas nos convidasse sorrateiramente para a sua cama de solteira.

*

Avanço na leitura, e me espanto com os tesouros que minha cabeça foi desovando pelo caminho. Para onde vão esses dejetos do imaginário? Os olhos inquietos de Quim Font, a água-furtada dos irmãos Rodríguez (de onde se tinha uma vista privilegiada do D.F.). Como fui capaz de condenar o Encrucijada Veracuzana ao ostracismo — eu teria varado muitas noites nesse botequim xexelento, bebendo tequila e incomodando amigos e estranhos com discursos improvisados sobre a inviabilidade do ser. Fico com a impressão de que só o que conservei do romance foi a sua atmosfera. É possível que tenha retido o essencial.

*

Lupe e Maria são de Leão. É evidente que Maria é leonina. García Madero é capricorniano (eu não diria). Ulises Lima também. Arturo Belano deve ser Touro, porque Bolaño era taurino. Ernesto San Epifanio — e aqui começa a ciência — deve ser Aquário. Pancho Rodriguez, digo que é canceriano. Angélica Font é uma escorpiana clássica. Pele Divina deve ser Peixes. Ou Sagitário.

19 de janeiro

"Pessoas que aparecem e desaparecem como um rio escuro." Em 2007 eu fazia uma tese, e lia ensaios herméticos escritos por teóricos cabeçudos. Não sei como fui parar em Enzo Melandri, *A linha e o círculo*, um estudo lógico-filosófico sobre a analogia, novecentas páginas. Não li mais que cento e cinquenta, mas foi o bastante para me interessar por um dos tópicos do livro: a anomalia, uma forma de analogia em que a relação entre os termos comparados não é percebida facilmente. Ou não é percebida em absoluto (a comparação que não ilumina, que gera incômodo e produz perturbação). O texto de Bolaño é rico em anomalias, e na época isso deve ter me capturado. "Parecia não ter dormido a noite inteira, parecia recém-saído de uma sala de torturas ou de uma jogatina de carrascos."

Em *2666* a anomalia atrai o leitor para o centro oculto do relato, apenas para expeli-lo raivosamente, feito uma cama elástica invisível. Já em *Os detetives* (mais cedo terminei o diário de García Madero), o centro oculto não é evidente. Mas sinto que ele existe, e aparece de relance nas comparações de termos incomparáveis. Sublinho essas frases lindamente anômalas e as copio no meu caderninho de notas, e volto a elas como uma criança a seus filmes favoritos, e nem por isso as entendo melhor, mas fico com a certeza, a irresistível certeza, de que algo cuja profundidade me escapa se revela ali, não *através* delas, das frases anômalas, mas *nelas* — sem que eu consiga entender o quê exatamente, ou precisamente porque não posso entender o quê, exatamente.

*

"Uma voz sem inflexões, como se estivesse falando com a lua" — a voz de Joaquín Font, segundo García Madero.

*

A melhor entrada em duas linhas de um diário ficcional — "Hoje não aconteceu nada. Se aconteceu alguma coisa, é melhor calar, pois não a entendi." A de um diário real — "A Alemanha declarou guerra à Rússia. Natação à tarde."

20 de janeiro

Tenho o hábito de tomar sol depois do almoço, na pracinha do bairro Peixoto, como se tivesse oitenta anos. Hoje cedo os bancos estavam ocupados, e precisei me acomodar na mureta que contorna o cercadinho de areia, onde cachorros e crianças costumam brincar. Logo que me ajeitei, senti um fedor lancinante. Escolhi outro ponto da mureta, mas a impressão que tive foi a de que o cheiro tinha se espalhado por todo canto, e nessa hora pensei que seriam apenas vinte minutos, o suficiente para repor a minha dose diária de vitamina D. Depois de algum tempo já não pensava nisso — era como se o cheiro tivesse se dispersado enquanto eu observava distraidamente os movimentos dos moradores de rua, que faziam uma algazarra enquanto se lavavam no laguinho e no chafariz. Só quando o celular apitou, indicando a passagem dos vinte minutos, percebi que o cheiro tinha estacionado, parecia mesmo ter se condensado, e agora era francamente repulsivo. Imediatamente olhei para baixo e me dei conta de que o meu tênis estava enterrado não apenas na areia, como tinha imaginado até então. Passei todo aquele tempo com o pé atochado na merda, voluptuosamente atochado na merda, provavelmente canina, refleti, considerando fatores como o tamanho, o odor, a coloração e a consistência, não sem antes me alarmar com a possibilidade de aqueles serem os excrementos de um ser humano. Pensei ainda que, depois de ter me levantado da mureta pela primeira vez, caminhei em direção à merda em vez de me afastar dela. É como se eu tivesse me atraído para a merda, num impulso irresistível (destino é caráter). Me veio à cabeça, então (nessa hora eu limpava os pés na parte cimentada do parquinho), que metaforicamente falando essa imagem era condizente com a poética de Bolaño. E que de certa forma ela sintetizava a sua visão de mundo. Tudo o que começa como comédia acaba sempre como outra coisa — até mesmo como comédia.

*

Perto do fim do diário, García Madero começa a carregar nas tintas. Ele fica doente, tem delírios febris. É tomado por sentimentos elevados e prefigurações do futuro. "Hoje só vi Barrios e Jacinto Requena no Café Quito, e nossa conversa foi meio melancólica, como se estivéssemos na véspera de algo irreparável"; "em determinado momento da noite, Maria me disse: o desastre é iminente".

*

"Uns olhos árabes, de tendas e oásis" — os olhos de Rafael Barrios segundo a loira Barbara Patterson.

21 de janeiro

Ontem foi feriado no Rio. Não que faça diferença — estou de férias. Mas feriados são dias silenciosos e modorrentos, propícios à leitura em largas passadas. Avancei umas boas 100 páginas, da primeira aparição de Amadeo Salvatierra, com a sua garrafinha de mezcal *Los Suicidas*, até o depoimento de Michel Bulteau sobre o passeio noturno em Paris com um estranho poeta mexicano de nome Ulises Lima — em que este desfiava, "num inglês por momentos incompreensível", uma "história de poetas perdidos", uma "história extramuros da civilização".

*

Não sei se foi em 2007, talvez um pouco depois. Decidi colecionar miniaturas de carros antigos. A coleção não foi longe: uma Kombi amarela e branca, um Camaro azul 69, um Opala SS, um Ford Mustang 1970 e um Impala 1964 branco. Lembro o que pensei quando vi o Impala na loja de brinquedos: o carro de García Madero, o carro emprestado por Joaquín Font aos real-visceralistas, o carro em que eles se perderam para sempre no deserto de Sonora. Só lamentei que fosse branco, pois no livro — eu estava certo disso — era verde. Mas o Impala é mesmo branco, descubro na releitura. Eu já sabia, inconscientemente? Me sugestionei a achar que era verde porque a capa do livro é verde? Ou isso simplesmente não vem ao caso? Acho que vou cortar esta entrada, não vou transcrevê-la para o computador. Já é hora de me desapegar do diário de García Madero.

*

"Olhava para mim com seus olhos de lago ao entardecer" — os olhos de Pedro Garfias, segundo Auxilio Lacouture.

*

Há sempre uma defasagem entre a leitura e a escrita — não anoto a impressão do instante, mas a que me vem no dia seguinte, embaralhada pelo sono, pelo esquecimento, pelas pausas para o café, pelo torpor que se segue às refeições, pela abstração das caminhadas, pelo engajamento em outras leituras. Uma impressão que é quase sedimento, a impressão querendo se transformar em outra coisa.

22 de janeiro

Ontem, durante a leitura, fiz umas pausas para jogar no Google os nomes de Mario Santiago (que inspirou Ulises Lima) e de Roberto Bolaño

(Arturo Belano). Procurava fotos dos infrarrealistas. Encontrei muita coisa, mas as imagens que gravei na mente foram as de Mario Santiago com ar de perplexidade, vestindo uma camisa do *The Doors* (com essa roupa vejo Ulises caminhando a esmo nas ruas de Paris, absorto em pensamentos e sentindo muito frio), e de Bolaño muito jovem, mais parecido com o Kevin Spacey do que com ele mesmo, cabelos nos ombros, o bigode farto, olhar perdido no insondável, como se tivesse encarcerado um animal invisível na jaula que aparece no fundo da foto.

*

"Aquela voz de passarinho e de lâmina de gilete" — a voz de Ernesto San Epifanio depois do aneurisma.

*

Não sei se porque era madrugada e as minhas melhores leituras são nesse horário, quando estou indiferente à excitação cotidiana e à comichão da sociabilidade (e impossibilitado de acessar outras pessoas a não ser em sonhos), mas me envolvi intensamente com os relatos das perambulações de Ulises Lima. Acordei uma da tarde (as obras de modernização no meu prédio deram uma trégua e pude restabelecer meus hábitos noturnos), pensando em Ulises e na sua solidão. E agora, afundado na poltrona desbotada, o ambiente artificialmente climatizado enquanto lá fora o verão assegura as condições ideais para a devastação do pensamento, sinto vontade de escrever sobre ele. Mas não consigo nomear o que me hipnotizou, o que me enterneceu na leitura, se o fato de Ulises ser tão romanticamente distraído e desajeitado, se o hábito das longas caminhadas (por que a imagem de escritores que caminham é atraente?), se a excentricidade de ler durante o banho, molhando os livros e fazendo derreter, como a gordura de um herege, os versos escritos a lápis como marginália a outras poéticas, se a indiferença em relação a questões comezinhas como o preço do arroz (jamais seria um prosador como Belano, o bom Ulises). Talvez ele intuísse que seu tempo era escasso. Ou preferia estar por inteiro no lugar de onde jorra a poesia.

O mais provável é que a empatia com o personagem, que tomou conta de mim na madrugada de ontem para hoje, tenha a ver com a temporada, de memória recente, que passei em um país estrangeiro, afastado, como Ulises, da minha zona de conforto existencial pela película da inapetência linguística — o que pode fazer de cada dia uma jornada extenuante, principalmente numa cidade que, como diz uma das personagens sobre Paris (mas poderia ser Nova York), "desgasta, dilui todas as vocações que não sejam de ferro, impele ao esquecimento". Por outro lado, penso que o meu enlevo se liga também ao reconhecimento de que Ulises realmente existiu, e boa parte do que é narrado no livro, das anedotas às impressões dos depoentes, é fruto de uma forma peculiar de consciência — o modo como um ser humano faz ver, por meio da invenção, outro ser humano de quem foi próximo, com quem compartilhou devaneios e decepções, com quem dividiu uma visão de mundo e uma filosofia peculiar, e que *Os detetives* é o relato de um encontro que não vai mais se repetir, ou melhor, só vai se repetir na leitura, e por isso mesmo vai sempre se repetir. Pelo menos na noite de ontem li *Os detetives* como um romance sobre a amizade. E sobre a brevidade da vida.

23 de janeiro

Ulises Lima lavando o porão de um barco pesqueiro. Ulises Lima dormindo numa gruta. Ulises Lima comprando uma passagem para Israel, com o dinheiro que ganhou no barco pesqueiro. O choro de Ulises no sofá de Norman Bolzman (ou ele batia uma punheta?). Norman Bolzman lendo *A rosa ilimitada* de J. M. G. Arcimboldi, certamente a tradução de Amalfitano. Ulises mendigando em Tel-Aviv. Ulises preso em Beersheba com um austríaco limítrofe chamado Heimito Künst. Bolaño e a fixação na palavra *Künst* (*coño*, *künst*). Ulises e Heimito roubando pessoas. Ulises deportado da Áustria. Ulises se perdendo na

Nicarágua sandinista. E voltando para casa anos depois, seguindo a trilha de um rio inexistente, um rio que une o México à América Central.

*

INBOX COM O ORGANIZADOR — Estou obcecado com o Ulises Lima. Até li os poemas do Mario Santiago. E tudo me escapou na sua poesia.

*

"Um cara com olhos como que liquefeitos e apagados ao mesmo tempo" — os olhos de Ulises Lima, de acordo com Hipólito Garcés, na avenue Marcel Proust.

*

Mario Santiago morreu no dia 10 de janeiro de 1998, atropelado. Bolaño estava perto de terminar *Os detetives*, ou tinha finalizado a correção das provas na noite anterior — imprima-se a lenda. Santiago sabia que um dos personagens era baseado nele. Baseado não, era ele. Mario Santiago chegou a ler alguns capítulos? Duvido. O que ele pensaria de Ulises Lima? E o que isso quer dizer, afinal — escrever sobre um amigo e esse amigo morrer ao fim da escrita, atropelado aos 44 anos de idade? Pensando no que existe de sinistro nessa coincidência. Pensando no que existe de sinistro em todas as coincidências. Pensando na ideia de má sina.

*

"Dava de comer aos pombos, mas os pombos ignoravam suas migalhas" — um velho no parque Esterhazy, antes de ser atacado por Ulises Lima e Heimito Künst.

25 de janeiro

(fragmento de um romance abandonado)

Não têm muito o que falar no restaurante. A esposa pergunta se o Gordo quer dividir um vinho, mas ele recusa. Acha forçado quando bebem. Ele bem que gostaria de se embriagar, de perder a consciência, mas não tem motivos para perder a consciência junto dela. Pedem duas latas de guaraná zero.

A esposa tem nojo de pizza de estrogonofe de frango. O Gordo também. Conversam um pouco sobre restos do almoço que vão parar no rodízio da noite. Ele decide que só na semana que vem voltará à Serra para visitar o pai hospitalizado. Precisa estudar os pontos do concurso, que começa na segunda-feira. Ele devia ter adiantado as leituras nos últimos dias, mas passou as manhãs dormindo e as tardes na internet. De noite é impossível estudar. A esposa exige atenção, quer conversar, quer que o Gordo veja com ela seus seriados favoritos. Ele reclama, diz que tem mais o que fazer, mas acaba assistindo. De um ou dois até gosta de verdade. Quando ela pega no sono já é tarde para ligar o computador, então ele fica na cama, vendo tevê ou lendo. Às vezes ela acorda no meio da madrugada e quer saber que livro é aquele. "Um romance", ele diz. Ela olha com desconfiança, franze a testa, bufa, diz que isso não está certo. "Quem te recomendou esses livros?" Em segundos é tragada novamente pelo sono.

*

Os detetives selvagens, O teatro de Sabbath, Ruído branco. Quem te recomendou esses livros?

*

Dois dias sem tocar em Bolaño. Dois dias me martirizando por minha indolência, me culpando pelas férias avançarem sem que eu tenha lido o que planejei, por não ter começado a transcrever as entradas do diário no computador, por não ter iniciado, paralelamente a *Os detetives*, a releitura de Walter Benjamin, por achar um tanto inóspito ler Walter Benjamin em janeiro, no verão carioca, por não retomar a escrita dos ensaios acadêmicos que abandonei no ano passado.

29 de janeiro

Uma semana sem ler, sem escrever, sem desejo, duvidando do projeto. A pausa para o trabalho, o trabalho duro no mundo lá fora, lá no real lacaniano, segunda a sexta de oito às seis — banca de concurso público, as decisões que realmente importam, que farão diferença na vida de alguém. Um diário como este só faz sentido se houver continuidade, se der conta da sequência da leitura.

*

A DISCIPLINA DO CALHAMAÇO — "Escolhia *A metamorfose* em vez de *O processo*, escolhia *Bartleby* em vez de *Moby Dick*, escolhia *Um coração simples* em vez de *Bouvard e Pécuchet*, e *Um conto de Natal* em vez de *Um conto de duas cidades* ou de *As aventuras do Sr. Pickwick*. Que triste paradoxo, pensou Amalfitano" — o Amalfitano de 2666. "Nem mais os farmacêuticos ilustrados se atrevem a grandes obras, imperfeitas, torrenciais, as que abrem caminhos no desconhecido. Escolhem os exercícios perfeitos dos grandes mestres. Ou o que dá na mesma: querem ver os grandes mestres em sessões de treino de esgrima, mas não querem saber dos combates da verdade, nos quais os grandes mestres lutam contra aquilo, esse aquilo que atemoriza a todos nós, esse aquilo que acovarda e põe na defensiva, e há sangue e ferimentos mortais e fetidez." O calhamaço e os combates da verdade: também para o leitor é assim. O desânimo que bate no meio do livro ou um pouco antes. Os personagens que nos seguem como almas penadas. Os rituais que o calhamaço exige: a frequentação diária, em grandes goles; as dores no corpo e a dificuldade para conseguir uma boa posição de leitura;

o halterofilismo da memória, voltando a trilhas cobertas pelas ervas daninhas do esquecimento.

30 de janeiro

No fim de 2007, criei um blog de ficção, *maracanazzo* — minha intenção era tornar público o que escrevia em segredo. Mas antes eu precisava revelar à minha primeira esposa, cujo nome tenho dificuldades de escrever, que eu gastava as tardes inventando historinhas enquanto ela perdia a saúde numa sala de aula abarrotada de adolescentes (me vem à mente o depoimento, já para o fim de *Os detetives*, do escritor que foi casado com uma carteira e, anos depois da separação, ainda escutava de manhã cedinho as passadas quietas da ex-mulher rumo ao trabalho). No fundo eu desejava uma reparação, um jeito de não me sentir culpado pelas condutas duvidosas das minhas tardes desocupadas. A ideia do blog surgiu enquanto lia *Os detetives*. A Tijuca seria o meu D.F., e em vez do passado eu projetaria o futuro de um sistema literário, de 2008 a 2050, em resenhas de livros inexistentes e depoimentos de escritores, professores, facilitadores culturais e críticos escroques. Seria uma Tijuca distópica, povoada por correntes literárias inverossímeis e universidades hiperbolicamente prestigiadas. A ruiva da internet virou Estela Mizrahi. Eu me dei o nome de Michel Basbaum. A impossibilidade deste encontro seria o eixo da trama.

A caixa de comentários estava sempre vazia. Talvez por isso, e de forma impulsiva, mostrei àquela que não consigo nomear as dez ou doze postagens existentes. Ela tinha acabado de chegar do trabalho e, sem olhar na tela do computador, ainda de pé, me disse que preferia não saber o que estava escrito ali. De todo modo, me encorajava a seguir em frente. Nenhum problema. É importante ir atrás dos próprios sonhos, ela me disse, dando sinais de perceber que essa nova ocupação, possivelmente entendida como um hobby ou uma distração passageira, nos afastaria mais e mais, inaugurando um segmento inacessível em minha vida e me conduzindo a um isolamento drástico da realidade e dela própria, já que poucas atividades são tão antissociais quanto a escrita, nem a leitura é assim antissocial, pois a leitura pode ser feita em voz alta e, mesmo silenciosa, é partilhada com outras pessoas na cama e em sofás, em mesas de biblioteca ou no metrô, mas a escrita só é possível em regiões desérticas. Em seguida ela disse que precisava tomar uma ducha, pois o seu dia havia sido longo. O meu não, pensei, o meu dia foi curto, tudo o que eu queria era mais um pouco daquele dia que se encerrou bruscamente quando ela pisou em casa — e antes mesmo de concluir meu pensamento hediondo eu o arremessei no lamaçal do subconsciente, e chafurdei na autopiedade e na sensação de impotência. Demonstrando alguma compreensão da guerra civil que acontecia na minha cabeça, nossa cachorrinha se esticou perto de mim e suspirou com apatia. Enquanto eu acariciava os seus pelos brancos, o corpo curvado lateralmente, apaguei uma a uma as postagens do blog.

12 de setembro de 2007

(resenha farsesca)

Kempelson, Stephen. *A literatura tijucana no alvorecer da contemporaneidade*. Rio de Janeiro: Errática Editora, 2050.

Conjunto de resenhas e artigos de juventude do crítico e filósofo Stephen Kempelson, publicados na revista *Maracanazzo* entre 2008 e 2023, *A literatura ijucana no alvorecer da contemporaneidade* fornece um panorama apurado das mais importantes correntes literárias tijucanas das décadas de dez e vinte deste século precocemente envelhecido.

O posfácio é esclarecedor e rompe o silêncio de uma década do professor septuagenário. Para as novas gerações, os fundamentos de uma poética fenomenográfica parecerão inusuais, mas essa foi a orientação dominante, por quase duas décadas, na literatura tijucana, ao menos entre as vanguardas da região do Maracanã. Por prosa tijucana entenda-se não somente aquela produzida no espaço geográfico entre a Praça da Bandeira e a Muda (contos, romances, poemas, cardápios de bar, coletâneas de torpedos), mas toda forma de expressão artística capaz de manifestar o que Kempelson chamou, em sua juvenília, de "constância da atmosfera tijucana na multiplicidade dos seus cronótopos".

Autor de ensaios como *Cornucópia agambeniana* e *Ser-aí-praisso*, referências nos cursos de pós-graduação em Alteridade Literária e Bioetnopolíticas Narrativas, Kempelson iniciou a sua trajetória em estreita conexão com os fenomenógrafos, neologismo cunhado em seu primeiro ensaio, *Prolegômenos à narrativa tijucana*, que abre a coletânea. No texto, Kempelson faz a genealogia das poéticas de autores diversos — e ontem como hoje completamente obscuros —, como Estela Mizrahi, Michel Basbaum, Aparício Cançado e José Ozu.

Atualmente aposentado, recluso em sua cobertura no Largo da Segunda-Feira — com vista privilegiada para a clareira do ser —, Kempelson foi responsável pela formação de incontáveis gerações de críticos tijucanos. A edição, em capa dura e com índice onomástico, faz jus ao momento mais inspirado desse notável professor, catedrático em Outras Literaturas da Universidade Autônoma do Méier. Um dos ensaios trata do romance de Michel Basbaum, *O escorrega da rua Dulce* (2008). A trama se passa num átimo de segundo, o breve intervalo entre o desequilíbrio de uma criança no alto do escorrega, a queda e o encontro fatal com o chão. O tempo é a matéria desse romance antiexperimental, que explora, na terminologia de Kempelson, o "poder-ter-sido-do-que-não-foi", a existência como "potência singularmente negativa". Segundo o autor, há um diálogo explícito de Basbaum com Santo Agostinho, Heidegger e Paul Ricoeur, no sentido de conceber e explorar o tempo como "distensão infinita do ser-lançado".

Se a reduzida produção ficcional de Basbaum — limitada ao romance e a uma coletânea de aforismos — foi recuperada com alguma repercussão pelas vanguardas hiper-realistas dos anos quarenta, a escritora Estela Mizrahi teve a vida marcada por uma tocante obscuridade autoinfligida. Identificada na juventude com o monadismo literário de Hutcheon Alexsander, publicou aos 28 anos o notável *Variações Delilleanas* (2008), hoje esgotadíssimo. A premissa do monadismo é o falar unicamente de si, transformando as próprias experiências em unidades literárias encapsuladas, pressupostos que Mizrahi levou ao extremo em seu segundo romance, recusado por dezessete editores: *O passeio de uma ruiva na rua General Roca às cinco da tarde* (2011). Kempelson destaca a singularidade e o rigor da obra de Mizrahi, mas não deixa de lamentar que, ainda muito jovem, a escritora tenha sido acometida pelo complexo de Bartleby. O fato é que — se nos fiarmos no sempre duvidoso rigor empírico das pesquisas de Kempelson, que como historiador da literatura não passa de um teórico razoável —, aos 30 anos Mizrahi se trancou em seu apartamento na rua Carlos de Vasconcelos, de onde só saiu oito anos depois para ir à feira.

Digna de nota, ainda, é a resenha de *Atochei o pé na merda*, romance de estreia de Aparício Cançado. Narrado em primeira pessoa, o romance analisa as implicações ontológicas do pisar em fezes. "Pisar na merda é a mais singular das experiências. Já tinha me atochado outras vezes, mas aquela tarde na Almirante Cochrane seria inolvidável em todos os sentidos. Isto porque percebi de imediato, como numa epifania, que jamais voltaria a tirar o pé da merda" (Cançado, 2009). Para muitos, a abertura conceitual iniciada por *Atochei* foi a principal razão do declínio do movimento. Mas Kempelson refuta essa ideia: "não, a fenomenografia não foi vítima de sua abertura para as ideias. Sua praga, seu câncer, foi a autorreferencialidade".

Trata-se de obra poderosa, singular, esta *Literatura tijucana*. Os ensaios passam em revista um momento crucial da prosa recente deste bairro que, se economicamente jamais se recuperou do único evento comprovadamente repetido na história mundial, o Maracanazzo de 2014, culturalmente permanece como o centro propulsor das vanguardas estéticas fluminenses. Precisamente por essa razão, sua leitura atenta pode ajudar a definir novos rumos para a literatura, ou o que o resta dela.

Por Adionson Saraiva

2 de outubro de 2007

(depoimento de Estela Mizrahi a Adionson Saraiva)

Me sentia cansada, por isso parei de escrever. É isso que você quer saber, não é? É o que todos perguntam. Aqui no seu e-mail você diz que quer investigar as razões que me levaram a abandonar a escritura, escritura?, *whatever*. Pois abandonei a escritura, Adionson, parei de escrever porque me sentia cansada. Ano que vem faço bodas de ouro de síndrome de Bartleby, mas por que me importaria? Vocês fazem esse trabalho por mim, certo? Sou uma ex-escritora, então o diagnóstico "síndrome de Bartleby" não é preciso. Mas ninguém pode ser ex-escritor, não é mesmo? É o que dizem. Por isso tantas perguntas, tantas aporrinhações. Ex-jogador, ex-presidente, ex-marido, mas ex-escritora?

Não decidi parar de escrever. É que me cansei das lamúrias do Basbaum, das digressões do Ozu, e tinha o Arnaldo, meu marido, que não gostava nada deles. Qual dos dois é o nosso Sy Abelman, ele perguntava, e então ria e eu ria também, depois ficava sério e dizia que eu me esquecia da casa quando pensava em literatura. O Arnaldo é bem intransigente com isso, a louça, a janta. Não posso fazer o mesmo prato antes de dezoito dias, porque o estômago dele é sensível a repetições alimentícias. Não posso lavar os copos e talheres com detergente comum, ou ele fica com bolhas na língua. São detalhes que minam uma visão estética da vida, Adionson. Está gravando? Isso não deve ser publicado. Espere a minha morte. Ando doente. Tenho umas cãibras abdominais muito dolorosas, espasmos na panturrilha, torcicolo.

Recebi esses dias um e-mail do Ozu. Ele escreveu um ensaio em inglês, vai ser publicado na *New Yorker*. Mandei pra ele um texto que saiu na *Maracanazzo*. Ainda recebo a revista, mas raramente leio. E não é só por falta de tempo. Por que leria? Qual o ponto, Adionson? Mando tudo para o Ozu. Ele adora, sabe? É um erudito, olha só. "Mana, essa diatribe oitocentista (vai em anexo) de Fuentino Fajardo contra o otomano Sjklçspi Plarfsgsj é supimpa. Tem um estilo 'foda-se' que remete aos anticontos da época em que morávamos na Desembargador

Izidro. Ou àquela autora das Ilhas Faroe que você indicou. Lembra? Estou mandando meu ensaio pelo correio. Quero sua opinião. Saudades, Ozu." Respondi hoje cedo. Quer ver o que escrevi? Deixa eu abrir, um segundo. Aqui. "Ozu, o estilo 'foda-se' pode se confundir com a literatura *whatever*. Pense nisso. E nunca te indiquei uma autora das Ilhas Faroe. Eu inventei. Por sorte ela existia. Não me leve a mal, mas não lerei seu manuscrito. Tenho filha e marido, sei que é difícil conceber. Me dê de presente um livro de culinária indiana, bem ilustrado, imagens suculentas. Ou uma coletânea de máximas chinesas. Aguardo retorno, Estela." Coleciono máximas, Adionson. É um passatempo interessante. Ontem disse ao Arnaldo: "luz do tempo, força a calçada." Tirei de um haicai. Tem outra: "dia nublado, nuvem, uma estátua de framboesa." Mandei fazer um pôster com esses dizeres. Eles abriram mão do sentido há dois mil anos. Não vou ler o ensaio do Ozu, você me entende? Para ele existe uma época da Desembargador Izidro, um período de formação, uma época memorável, uma água-furtada. Para mim, a memória da Desembargador Izidro recende a refogado de alho com azeite, água de colônia Adis-Abeba, suco de tangerina com açafrão. Isso não é nada literário. Outro dia o Basbaum me ligou. Eu não estava aqui. Nunca saio de casa, mas nesse dia precisei ir ao Wall-Mart comprar cebolinha e abacaxi. Só hoje de manhã o Arnaldo se lembrou e me deu o recado. "Aquele seu amigo telefonou semana passada. Não gosto dele, mas acho que tenho a obrigação de te comunicar. Estela, meu doce, uma farofinha… você faz uma farofinha pro almoço?"
    Talvez tenha sido intencional. Talvez não. Quem se importa? Você não quer escrever um conto sobre isso? Você escreve, não escreve? Tem pinta de escritor.

1 de fevereiro de 2015

"Não escrevíamos para publicar, mas para conhecer a nós mesmos ou para ver até que ponto éramos capazes de chegar" — Edith Oster, sobre os seus dias com Arturo Belano.

2 de fevereiro

O enevoamento que sucede a leitura de um livro como este. Um instante embaçado que vai se espichando. Se o deixarmos quieto, esse instante se distende em horas ou dias. O segundo posterior à agulhada da anestesia. O primeiro gole d'água depois da corrida. A lassidão após copular com quem se gosta. Uns poucos instantes em que o corpo e o pensamento se sentem confortáveis na imobilidade. Lupe e García Madero em Villaviciosa esticando o tempo como um chiclete, antes do mergulho definitivo no nada.

A COISA REAL

23 de janeiro de 2015

O meu prédio vai desabar. Olho para cima e tento avistar o apartamento onde moro, mas o reflexo do sol nas janelas esfumaçadas me deixa cego. Vou tateando até a portaria. Tenho pressa, há muito o que fazer antes da queda. Preciso salvar a minha mãe, que em algum lugar da torre infinita cuida da minha irmã convalescente, e a minha avó, esquecida há tempos na enfermaria gourmet. O apartamento labiríntico tem um pouco dos vários lugares onde morei. Reclinada no parapeito, olhos fixos no nada, a mãe não percebe a minha aproximação. Precisamos ir embora, digo, mas ela dá de ombros e fala que não vai sair — tenho pendências nesse lugar e você sabe disso!

No escritório há livros de cima a baixo, ocupando as paredes, espalhados pelo chão ou empilhados na bancada de fórmica branca. É uma pena que esses livros, os meus livros — o sentimento de posse é a memória mais nítida do sonho —, tenham de ser destruídos. Quero salvá-los, é impossível carregar todos eles. Mas alguns... Se eu encontrar uma mala vazia... Noto a presença da minha irmã, só não sei onde. Atrás da parede, com certeza, mas são muitas portas e sinto vontade de me aliviar. Entro no banheiro de ladrilhos azuis, onde nos meus primeiros anos neste mundo abria o chuveiro com cautela, temendo o que seria despejado sobre mim — água lodacenta, barro, dejetos. No box vejo quatro ou cinco malas de rodinhas, enfileiradas da maior para a menor. Escolho a menor.

Volto ao escritório e não sei como agir. O sentimento pelos livros beira a indiferença — a missão que havia me mobilizado febrilmente agora parece sem sentido, cansativa. Se eles não me importam, o que estou fazendo aqui?, digo a mim mesmo enquanto vou lançando, na maleta escancarada, os livros que escolho de maneira aleatória. É quando distingo uma lombada vermelha, desgastada pelo uso. Num gesto ágil, usando apenas o dedo indicador, puxo o livro na minha direção. *O teatro de Sabbath*. Abro numa página qualquer, aproximo o nariz e sinto o aroma de poeira assentada e de papel velho colonizado pelos fungos. Com cuidado, o coloco sobre os demais eleitos e fecho a maleta. Sei que já não existe um perigo real, nada de grave vai me acontecer. Ainda assim caminho depressa até a porta de entrada, arrastando atrás de mim a pequena mala de rodinhas, com a certeza de que nunca mais pisarei nesse lugar.

8 de março

A PRISÃO DO CORPO — Não recordo quando li *O teatro de Sabbath*. Mas a anotação na folha de rosto — *Rom. março 2009* —, feita com a caligrafia segura de alguém acostumado, por força da profissão, a manejar um lápis quase sem ponta, não deixa margem para dúvidas. Foi em algum momento entre março, quando puseram o livro à venda num sebo, e agosto, quando o xeroquei para a ruiva da internet.

A ruiva preparava um projeto de doutorado sobre a prisão do corpo em Philip Roth, e eu queria apresentá-la ao velho Sabbath (para quem o corpo é ao mesmo tempo um cativeiro e um parque de diversões). Mas em vez de combinar um chope ou um café, mandei pelo correio a cópia encadernada. Nos meus monólogos interiores eu tentava me convencer de que era feliz vivendo com aquela que não consigo nomear, mas quando buscava ser claro comigo mesmo, procurando *alcançar* o sentido da palavra felicidade naquelas condições de miséria conjugal, nunca ia longe: o que nos mantinha juntos era uma argamassa de rancores endurecidos e de tempo ressecado. Em suma, eu queria encontrar a ruiva. E por isso fugia dela. Em parte por razões morais, mas sobretudo por uma certeza: a de que ela me despacharia após dez minutos de uma conversa embaraçosa, sem esconder a repulsa pelos borbotões incontroláveis do meu farto suor. Melhor usar o correio. No envelope, temendo que ela quisesse me escrever de volta, inventei um endereço inexistente. Ela nunca me perdoou o melindre.

9 de março

Antes de *O teatro de Sabbath*, meu Roth preferido era *A marca humana*. Até hoje detalhes da trama me vêm à mente com extrema facilidade, como se eu tivesse presenciado os eventos, em vez de lê-los numa narrativa inventada. Essa fluência mnemônica é surpreendente: nunca voltei ao livro, e tenho uma memória literária medíocre (que só piorou desde que me viciei em ansiolíticos). Uma das lembranças mais nítidas que tenho é a da descoberta, para ser exato, a revelação, do passado de Coleman Silk. A maneira como o protagonista maneja a própria identidade é enormemente sedutora, mas é claro que se trata de peripécia vulgar, artifício dos mais baratos — o leitor é ludibriado até a metade do livro e então a verdade cai do céu como uma tempestade de verão. Mas no primeiro contato com *A marca humana* isso não me incomodou. Pelo contrário: o artifício alavancou o espanto, me fez pensar que uma identidade podia ser rasgada e costurada como uma roupa. Talvez eu esteja adulterando os fatos (as impressões primordiais de leitura), ou dando ao meu discurso um ar requintado (um aroma barthesiano), mas foi como se sentisse o *volume* da prosa de Roth, seu impacto sobre o meu corpo. Um descarrilamento. Estatelado na minha cama estreita e desconfortável, seguia aquelas frases inquietas, frenéticas, ou melhor, corria com elas, no ritmo delas, e não me cansava, apenas caía exausto quando era impossível seguir em frente. Foram três ou quatro dias (nesse ritmo a leitura não duraria muito) inundado de uma maneira quase erótica por jorros de prosa que, numa associação livre, talvez desencadeada pela palavra jorro, me fazem pensar no espantoso poema de Rimbaud recitado por Amalfitano em *Sinsabores del verdadero policía* e por Ulises Lima em *Os detetives selvagens* —

Mon triste coeur bave à la poupe,
Mon coeur couvert de caporal:
Ils y lancent des jets de soupe,
Mon triste coeur bave à la poupe

— e a sensação que retive é mesmo essa, a de um espasmo báquico, a de uma pancada na nuca, ou para ser fiel à imagem que esse rato de esgoto, o inconsciente, fez emergir numa associação duvidosa, uma violação.

10 de março

Quem me falou de Philip Roth foi o Ângelo Campus. O Ângelo ficou conhecido na sua cidade por escrever peças de teatro pungentes e com economia de recursos cênicos, peças sobre o estar ali naquele lugar naquela hora e o que acontece à nossa volta sem que percebamos, peças sobre o sentido da existência e as belezas do universo. Fez uma legião de seguidores, mas antes de completar vinte anos abandonou a dramaturgia para fazer mestrado em literatura, numa universidade carioca. Foi onde o conheci. Ele quase não falava e todos os dias se isolava na biblioteca para transcrever, com canetas de ponta porosa, num caderno sem pauta e em bela caligrafia, páginas inteiras de romances esquadrinhados com precisão bizantina. De noite no bar, indiferente como um faquir, o Ângelo citava as passagens que tinha memorizado, e calhou de uma vez ele mencionar o Roth, uma frase espirituosa e que me fez rir, alguma coisa sobre a Monica Lewinski e a paranoia americana. No dia seguinte — mesmo de ressaca íamos à biblioteca — pedi ao Ângelo que me falasse daquele escritor, e entre pausas para bicar o café, tragar o cigarro e admirar o vazio, ele me contou, em fala lenta e ritmada, como se cantasse uma música triste, que Roth é um desses escritores que parecem conversar com você, deve ser um camarada divertido, ele, e histriônico, mas que sabe como ninguém, ou como poucos, passar do cômico ao trágico quando conta uma história, e não só passar, é mais que isso, ele extrai o cômico do trágico e o trágico do cômico, e realmente você nem chega a se dar conta porque está lendo e pensando nas suas questões mais íntimas, e também na História, na histeria social, nas mitologias americanas e no apocalipse, e em Tolstói e em Tchekhov e em Melville e em Huck Finn e no capitão Ahab, tudo isso enquanto se pergunta para onde esse camarada vai te levar, até se dar conta de que o livro acabou e você foi largado sozinho com a sua vida e ela te parece meio estúpida e insuficiente, e ainda assim você quer ler outra coisa, não dele, mas de alguém que é o seu oposto, uma escritora canadense de prosa concisa, que não se esparrama, e você compreende que busca um antídoto contra a estupidez e a insuficiência da vida, mas isso você não consegue encontrar porque talvez a vida seja mesmo estúpida e insuficiente, uma história cheia de som e fúria contada por um tolo, sem o menor sentido, e apesar disso ela pode ser boa, repleta de afeto e ternura, e talvez seja isso mesmo, a vida é uma merda mas é boa e é boa mas é uma merda, e tudo depende de como o pêndulo se movimenta, de como a Fortuna decide nos atropelar com a sua roda.

11 de março

Levei um bom tempo para topar com *O teatro de Sabbath*. A edição brasileira era impossível de encontrar, e eu tinha preguiça de ler ficção em inglês — mais que uma raridade, era um livro extinto. Quem tinha uma cópia não ia se desfazer dela. Só uma vez encontrei o livro na Estante Virtual, anunciado por uma pequena fortuna. Tempos depois esbarrei com *Sabbath* em um sebo claustrofóbico da Avenida Passos, a capa vermelha com o desenho de um marinheiro bigodudo e de feições diabólicas, olhando com lascívia para uma mulher desmazelada (a pintura é do Otto Dix). 15 reais. Se me pedissem 100 eu pagaria. Garimpava há tanto tempo atrás desse livro que tive receio de, com os meus dedos trêmulos e os filetes de suor escorrendo no meu rosto, trair uma falha de caráter que me fizesse ser extorquido pelo livreiro.

Mas ele simplesmente desconhecia o valor de mercado daquele objeto. Isso ainda acontecia no mundo, em 2009.

12 de março

Escrevo no Cafeína. Faltam poucos minutos para o meio-dia, e duas mesas na minha frente está D**. Ele vem quase todos os dias, sozinho ou acompanhado da mãe, e passa as manhãs e o início da tarde jogando conversa fora. D** não é jovem (deve ter a minha idade ou um pouco mais, uns quarenta anos), e é um desses magros estruturais para quem a comida está longe de ser prioridade. São raras as vezes em que não o vejo aqui, com o jornal esparramado sobre a mesa, tomando café e conversando com as atendentes, que o chamam pelo nome e se divertem com o seu jeito acessível. D** parece incomodado por eu o estar encarando — vira as páginas com força e olha para as atendentes como se quisesse transmitir uma mensagem com a força do pensamento. É possível que ele também me reconheça. Venho ao Cafeína para escapar dos barulhos inóspitos de uma obra que se arrasta há meses no meu prédio. Há semanas de paz, em que posso acordar a hora que quero e ler e trabalhar com tranquilidade, mas a regra é o convívio continuado com sons que vão do levemente incômodo, como o ruído de serras cortando obstinadamente canos e azulejos, ao ostensivamente torturante, como o estrondo de paredes laceradas por marretas ou artefatos que, na minha mente dada a hipérboles, se assemelham a britadeiras ou obuses. Gosto de imaginar que os frequentadores deste café no horário comercial — como a jovem precocemente grisalha lendo *Absalão, Absalão* com um olhar insano — me enxergam como o maluco do caderno, um lunático de Copacabana. Isso faria de mim um personagem típico, a mão direita manchada de azul pelas horas seguidas preenchendo folhas que de tão finas rasgam o meu dedo como lâminas de barbear, e de tão brancas me deixam zonzo quando levanto a cabeça e fixo o olhar em objetos do mundo concreto, como as cadeiras de ferro fundido ou os tijolos decorativos que conferem uma agradável rusticidade ao ambiente do café. D** desistiu do jornal e está em silêncio, absorto em sabe-se lá que pensamentos. Ele não veio ao Cafeína porque uma obra o expulsou da cama, não veio ao Cafeína porque há uma obra martelando dentro da sua cabeça. Para D**, estar aqui é suficiente. Até a hora de ir embora. E então ir embora será suficiente.

*

"A maioria dos homens intercala a atividade de foder nos intervalos daquilo que considera preocupações mais importantes: a caça ao dinheiro, política, moda... Mas Sabbath havia simplificado sua vida e intercalado as demais atividades nos intervalos da principal, que era foder." Aos 64 anos, o titereiro Mickey Sabbath é um homem decaído. A artrite nos dedos o impede de exercer sua profissão — como Próspero, no epílogo de *A tempestade*, sua magia ficou no passado. Dependendo financeiramente da mulher, uma professora em recuperação do alcoolismo a quem despreza com toda força, Sabbath é um parasita social, alguém que poderia fazer uma ponta num documentário do Michael Moore. Ele só não desistiu de tudo porque tem o sexo. E porque fez do sexo uma forma de sabedoria — o corpo atraiçoado pela artrite possui um vigor erótico invejável, e encontrou em Drenka estímulo e acolhida ilimitada. Indiferentes à ansiedade da "vida ativa", Sabbath e Drenka dedicam as horas de ócio a trepar de todas as maneiras possíveis. Foder é um fim em si, arte meticulosamente aperfeiçoada, e não um lazer burguês ou mera saciação de impulsos primitivos que, após milênios de civilização, ainda teimam em importunar. Para Sabbath e para Drenka o sexo é o centro da existência. Tudo de que necessitam eles encontram no corpo do outro — e a partir do outro, em estranhos. Mas Drenka adoece, e morre de uma doença que é o seu próprio corpo. Drenka morre de corpo. E Sabbath, que não tinha se dado conta do que essa imigrante lúdica e robusta significava para ele, percebe que boa parte da sua essência vital foi enterrada com ela, e as suas ereções de velho só encontrarão acolhida daqui para frente em pessoas bolorentas e amargas, seus espelhos fiéis.

*

Uma fala do velho Próspero para fazer a apresentação de Mickey, na epígrafe: "every third thought shall be my grave", "a cada três pensamentos, um será dedicado ao meu túmulo". O que Shakespeare tinha em mente com essa frase enigmática? Algo secreto, envolvendo o número três, a perfeição do triângulo? Ou ele remete à terceira vida de Próspero, de volta ao ducado para definhar na velhice, renunciando por vontade própria à magia dos amuletos? *Now my charms are o'erthrown / and what strenght I have is my own*. Para Próspero, a terceira vida é uma escolha. Sabbath é lançado na velhice pela morte de Drenka. O que eles têm em comum é que, orgulhosos, fazem questão de dirigir o espetáculo do próprio declínio, cada um à sua maneira — elegante e comedida em Próspero, trágica e zombeteira em Sabbath.

14 de março

A VIDA DO ESPÍRITO — Ontem eu e Hanna fomos tomar cerveja com o Ângelo Campus e o Jonas Mann. É o primeiro semestre do Jonas, que é de Curitiba, como professor numa universidade do Rio (nos conhecemos anos atrás, na comunidade de leitores). Disse a ele que, por esses dias, reli *A tempestade*, numa madrugada quente e cheia de mosquitos, motivado pela epígrafe do Roth. Nunca assisti a uma montagem da peça, e só a tinha lido num curso do Ricardo Benzaquen, que o Ângelo também frequentou. Falamos sobre isso, em um bar de Botafogo chamado Colarinho, com a mesa posta na calçada numa noite surpreendentemente fresca para a época do ano, tomando um bom chope e nos entupindo de frituras — a Hanna, o Ângelo e eu, pois o Jonas, um magro frugal que não bebe e só come o estritamente necessário para sobreviver, se limitou a um Iced Tea, sabor pêssego, que fez durar a noite inteira. Falamos sobre as aulas do Benzaquen e as patifarias de Caliban, sobre metamorfoses na vida e na arte, sobre astrofísica (o novo interesse vital do Ângelo) e o futuro do romance. Depois de algumas horas, o assunto se desviou para um tópico árido, magia e hermetismo, e o Jonas e eu entabulamos uma discussão sobre medalhões de Júpiter e antídotos contra a bile negra e adusta (resultante da combustão da fleuma), e falamos também sobre as causas celestiais da disposição melancólica da alma (as influências secas de Mercúrio e gélidas de Saturno). Não importava a nossa ignorância nessas matérias sinuosas. Fazíamos um improviso, um ensaio, e juntos e em voz alta elaborávamos ideias que mal nasciam já se desmanchavam no vazio. Sem interesse no assunto, o Ângelo se levantou para fumar um cigarro e contemplar as estrelas, enquanto a Hanna se entretinha com o aplicativo de mensagens do celular. Eu também me distraí, já estava no sétimo ou no oitavo chope, quando o Jonas passou a discorrer sobre arcanos do tarô, e naquela mesma hora eu o vi como um animal extinto, o *homo eruditus*, alguém que lê e estuda como se erguesse um monumento interminável, sem se desviar dos caminhos traçados, sem pegar atalhos, sempre na direção da Obra, e então comecei a refletir sobre a viabilidade da vida do Espírito, se o Espírito não encontrou no Jonas o seu último cavalo, e se depois do Jonas o Espírito não vai vagar a esmo, sem uso como uma fita cassete no fundo de uma gaveta, é bem pouco o que restou por fazer, a cultura é uma velha mentecapta sofrendo de incontinência, a literatura é uma arte do passado, até o cinema dá mostras de senilidade, por que não ficar no meu canto, então?, quieto, desfrutando de um bom lugar na plateia, existem tantos livros que não li, Musil, a *Eneida*, por que alimentar dia após dia uma guerra civil que não terá vencedores?, todo dia é o mesmo conflito contra as forças de dispersão, atuando de dentro para fora e de fora para dentro, as redes sociais, os aplicativos de bate-papo, a promiscuidade de uma vida imune às distâncias, mas sem ascese o Espírito pode frutificar?, me perguntei, porque o Espírito frutifica, é um verbo adequado à sua grandiloquência, ou florescer, o Espírito floresce!, uma árvore imensa e vistosa com os galhos apodrecidos e oca por dentro.

15 de março

"Drenka era uma mulher croata, de pele escura e aspecto italiano, oriunda do litoral da Dalmácia, baixa como Sabbath, de corpo cheio e firme, naquele *limite provocante da mulher que está à beira de ultrapassar o seu peso*" (o grifo é meu). Leio a passagem e imediatamente visualizo Drenka, recorrendo às imagens de mulheres que conheci e chamaram a minha atenção por estarem confortavelmente instaladas nessa zona fronteiriça, nesse "limite provocante". Reduzida a essa dimensão, Drenka não é uma mulher, mas um delírio erótico, com o seu sotaque do leste europeu e a disponibilidade quase instantânea para ser pouco mais que um corpo bem-formado. Roth não tem vergonha de fisgar no seu íntimo essas fantasias, sem submetê-las ao filtro do superego social: é raro que ele procure se colocar *realmente* no lugar do outro. Roth é sempre Roth, com suas virtudes e fraquezas, humor e sensualidade, utopias de fartura e imaginação febril. Ele construiu a casa da sua ficção no terreno arenoso dos impulsos e inchaços e intumescências e picadas sobre os quais não temos controle, e com os quais estamos longe, ainda, de conviver bem. Para narrar as suas histórias ele parece bem aparelhado com o que possui — as idiossincrasias. *I did what I could with what I had*. Ainda assim é injusto dizer que Drenka é *apenas* uma fantasia masculina. Drenka foi forjada dessa forma, é claro — ela nunca chega a se parecer com uma pessoa real. Mas a arte de Roth tem suas astúcias. É uma arte da abundância, pouco controlada. Ao dar corpo a um desvario masculino, Roth pinta o inverso desse desvario. Drenka é a feminilidade se olhando no espelho, mas que tenta ver a si mesma como um homem faria — e isso pode ser excitante. Drenka retira prazer dos olhares lascivos que os homens cravam nela, e não só retira prazer como incorpora os olhares à ideia que tem de si mesma. É o inverso da alegoria de *The Breast*, onde David Kepesh pateticamente se metamorfoseia num seio — uma fusão com o outro no que este possui de animalescamente desejável. O outro desejável de Drenka é ela mesma: uma fantasia bem mais potente.

16 de março

Hanna diz que sou como Zelig, o personagem do Woody Allen. Ela é o oposto — sempre igual a si mesma. A busca da autenticidade é a maior inquietação da sua vida. Quanto a mim, ser fiel ao instante me basta. Em meu modo camaleônico, sou constante na infidelidade ao eu profundo. É claro que não sei quem sou, e isso pouco me importa. A flexibilidade tática do *self* é a minha divisa — não saberia como ser autêntico por desconhecer a que traços meus jurar lealdade.

17 de março

No sonho, aquela que não consigo nomear diz que a cachorrinha marrom está morta. No sonho, recordo a semana que a cachorrinha marrom passou comigo no apartamento da Santa Clara, depois da separação. No sonho, aquela que não consigo nomear me trata com afeto. Encosta em mim, me abraça. Mesmo assim resisto, me encolho no sofá, e é como se me apertassem os músculos do pescoço com um alicate.

*

"Roseanna odiava o fato de ele não haver tocado nela, na cama, por dez anos, e Sabbath odiava o tom monótono e imperturbável no qual Roseanna falava com suas amigas locais ao telefone."

*

O que ela odiava em mim e o que eu odiava nela? "O que Roseanna mais detestava em Sabbath? O que Sabbath mais detestava em Roseanna?". É mais fácil fazer essa pergunta na ficção — tudo pode ser amplificado sem comprometer ninguém. "Uma vez que seus anos de maternidade tinham ficado para trás, Roseanna se viu em condições de alfinetar seu ódio em alvos mais precisos e desprezar o marido pelo simples fato de que ele existia, mais ou menos da mesma maneira que Sabbath a desprezava por existir." O ódio à simples existência do outro — não chegamos a esse ponto, mas chegaríamos. Em um, dois, em cinco anos. Quando nos abstivéssemos de procriar. Ou quando constatássemos que nem mesmo um fim tão elevado, o cumprimento das obrigações com a natureza e com a espécie humana, tornaria a coabitação dos corpos menos intolerável. "Ambos achavam repugnante vislumbrar, mesmo por um rápido instante, o corpo nu do outro: ela odiava sua barriga cada vez maior, seu saco escrotal cada vez mais pelancudo, seus ombros peludos de macaco, sua barba branca, bíblica e cretina."

*

No início, tínhamos surtos. Eu socava a parede. O rosto dela se inflamava de sangue. Estávamos presos aos casamentos dos nossos pais e não sabíamos disso — repetíamos os seus gestos irracionais como se fossem nossos. Um dia minha mãe nos deu de presente uma cachorrinha branca, e os acessos de raiva passaram na mesma hora, os meus e os da que não consigo nomear. Ela era explorada num cursinho das sete da manhã às oito da noite, eu passava o dia com a cachorrinha. Me tornei um devoto da sua santidade canina. Quando me deitava para ler, a cachorrinha se esticava na minha barriga. Se eu estava no computador, se enroscava nos meus pés. De noite, a inominável a apertava e mordia, se sentindo antecipadamente desamparada pela finitude do pequeno animal. Com o tempo paramos de conversar, a inominável e eu, mas às vezes recorríamos à cachorra para manter um mínimo de comunicação, seu pai não quer ir com a mamãe ao shopping, sua mãe não entende que o papai tem que passar num concurso público, a mamãe fica o dia todo na rua e o seu pai não se senta com ela para ver tevê — a cachorrinha nos olhava com um ar intrigado —, sua mãe não entende que o papai desconta a infelicidade na comida, o seu pai não fode a mamãe há quase um ano e finge não perceber que ela se sente a mulher mais infeliz que já foi casada com alguém.

*

"Escrever transforma a gente em uma pessoa que está sempre errada" — Nathan Zuckerman, em *Pastoral americana*.

*

O que eu mais detestava em nossa vida? A falta de perspectiva. A incapacidade de dar fim àquilo. A maneira como a inominável foi retorcida pelo mundo do trabalho até restar bem pouco de quem havia sido, a moça bonita de cabelos pretos e escorridos que tocava violão e, de um jeito comovente, cantava que praias paixões fevereiras não dizem o que junhos de fumaça e frio, matava aula para jogar sueca e ria de mim por não conhecer *O sorriso do gato de Alice* (o melhor disco!) e *O concerto de João Gilberto no Rio de Janeiro* (você não lê os escritores brasileiros?). Agora só o que ela queria era ver um pouco de tevê antes de desmaiar de sono. Tudo isso é insuportavelmente cruel sem o abrigo das máscaras da ficção.

*

Não sei o que foi feito dela. Se se casou e teve filhos. Se ainda é explorada ou se virou uma das sócias no cursinho. Se voltou a tocar violão. Não sei o que foi feito das cachorrinhas. Se a marrom ainda está viva ou se meu sonho foi premonitório. Se a branquinha ainda espera, deitada junto da porta da cozinha, que eu volte para casa.

*

"Viver é entender as pessoas errado, entendê-las errado, errado e errado, para depois, reconsiderando tudo cuidadosamente, entender mais uma vez as pessoas errado. É assim que sabemos que estamos vivos: estando errados" — Nathan Zuckerman, em *Pastoral americana*.

19 de março

O teatro de Sabbath começa a acontecer lá pela página 100, quando Mickey pega a estrada para Nova York e conversa com o fantasma da mãe. Ele revive as perdas da sua vida — Morty, o irmão aviador, abatido na Segunda Guerra; a mãe, que passa a vida em depressão catatônica; Nikki, a esposa jovem e talentosa, incapaz de se sentir em casa na própria vida e que desaparece sem deixar rastros; Drenka, o golpe final. As perdas não explicam Sabbath. Seus traços distintivos, o deboche e a virilidade, o niilismo e a lascívia, são marcas suas desde cedo. Mas as perdas tornam Sabbath mais *concentrado* nesses atributos, o deixam mais apegado ao que tem de seu: "Sabbath estava concentrado, do modo como um molho vai ficando concentrado, fervido e refervido nas bocas de gás acesas, para melhor condensar sua essência e ser ele mesmo de uma forma mais desafiadora."

Ser ele mesmo — Sabbath dedica a vida à busca da autenticidade. E também da autonomia, para não depender de pessoas, que, afinal, podem desaparecer de uma hora para a outra. Mas quando o conhecemos Sabbath está *excessivamente* encorpado. O molho passou do ponto. A panela queimou. Seu eu é consistente (o modo de vestir, o sarcasmo corrosivo, a voz que impressiona quando decide mendigar no metrô recitando *Rei Lear*). E, no entanto, Sabbath chora como uma criança ao encontrar Norman Cowan, seu antigo empresário. No começo, Sabbath vê o próprio choro como encenação, como se ele fosse o titereiro de si mesmo, manipulando o interlocutor para fins mesquinhos (ter um abrigo antes de se matar). Até o fantasma da mãe acredita na performance. Mas nada pode ser tão simples. Sabbath chora novamente, depois de consultar o relógio de pulso que foi do irmão. E chora uma terceira vez. Agora ele "estava chorando do mesmo jeito que todo mundo chora. Havia paixão no seu choro — terror, enorme tristeza, e derrota".

Sabbath está cansado de si mesmo, cansado de ser quem ele é. Está cansado da própria consistência. Ele passou a vida tentando ser alguém, cultivando a personalidade para se tornar um artista completo, um artista em tempo integral. Ele "pagara até o último centavo o tributo da arte, apenas não havia realizado arte alguma". O que existe de realmente autêntico por trás da máscara? Um "mestre do engano, do artifício e do irreal", Sabbath foi também um mestre do autoengano. Sua vida é tão carente de sentido quanto a de qualquer um. E é por isso que ele chora na cozinha de Norman Cowan.

*

Por que *O teatro de Sabbath* é o livro que eu salvaria de um desabamento?

20 de março

Eu e o Barack Obama estamos numa sala de aula. Sua roupa é impecável — calça de terno, camisa branca para dentro e gravata azul, sem paletó. Ele se levanta da carteira e escreve uma pergunta no quadro-negro. Eu me chamo W., sou muçulmano *e* judeu ortodoxo, devo responder prontamente. Meus cachinhos de cabelo, meus *peiot*, balançam como numa ventania, e levo um bom tempo até encontrar espaço livre para escrever a minha resposta: *it seems that my hair bothers you more than Iraq*. Fico em dúvida se estou empregando corretamente o verbo *to bother*. Pergunto ao Obama. Ele fica em silêncio e se limita a apontar o quadro-negro. Leio o que está escrito, me revolto, digo que ele está trapaceando, *you are cheating, Mr. Obama*, a pergunta não era essa, sei ler muito bem. Mas a turma dá razão a ele: sou ridicularizado pelos alunos com gestos furiosos e gargalhadas obscenas, enquanto o presidente dos Estados Unidos da América se mantém impassível, com ar imperial.

23 de março

FENOMENOGRAFIA DA OBRA — Sou expulso da cama às 9:15 por um estrondo no apartamento ao lado, ou no andar de cima. Hoje é segunda e imagino que a primeira martelada venha acompanhada de um imenso prazer: o de exibir àqueles que ainda não foram ocupar os seus postos no mundo do trabalho quem está no comando, e revelar, de modo inequívoco, que há pessoas com autoridade para decidir quem pode e quem não pode ficar dormindo. Não são as marretadas que me acordam, embora eu identifique algumas, mas os estampidos de uma máquina cuja única função imaginável é a tortura auditiva. É como se abrissem um túnel ou construíssem um estádio de futebol ou furassem uma estação de metrô *dentro* do meu prédio. Enfio nos ouvidos o protetor auricular 3M, flexível e alaranjado, e cubro as orelhas com o *headphone noise-cancelling* Bose, comprado em Nova York. Mas o Bose não foi pensado para esse tipo de barulho, para os ruídos do edifício Irmãos Salem, na rua Santa Clara, ruídos que passam por uma estranha metamorfose enquanto escrevo. Agora é como se uma motosserra cortasse uma pilastra ao meio, ou como se um bebê transtornado e de voz cavernosa chorasse o seu uén uén num amplificador distorcido, fazendo tremer o chão e as paredes.

*

FENOMENOGRAFIA DO PAU DURO — "A ereção matutina — como um pé-de-cabra na nossa mão, como uma coisa desabrochando do corpo de um ogro. Será que alguma outra espécie de animal acorda de pau duro? Baleias? Morcegos? Toda manhã, a evolução vem recordar ao macho Homo Sapiens a razão pela qual ele está ali, no caso de haver esquecido durante a noite. Se a mulher não soubesse do que se tratava, podia ficar morta de medo com aquilo. Ele não podia mijar no vaso por causa daquilo. Tinha de forçá-lo para baixo com a mão — tinha de puxá-lo na direção certa, como um cão na coleira — de modo que o jorro fosse bater na água e não no assento levantado da privada. Quando você sentava para cagar, lá estava ele, lealmente olhando para o alto, na direção do seu mestre. Ali, aguardando ansiosamente, enquanto você escovava os dentes — 'o que vamos fazer hoje?'".

*

O que vamos fazer hoje? Vamos escrever. Se o bebê transtornado permitir.

*

Mas é impossível escrever. Só me resta fugir de casa, ou esperar até cinco da tarde. Penso em ir até a janela que dá para o vão central e gritar, ou pôr uma música do Metallica no volume máximo. Mas não tenho discos do Metallica. Começo a fabular. E se eu estivesse com câncer terminal? Interromperiam a obra para me deixar morrer? Quem ouviria meu último suspiro com todo esse esporro? Agora o ruído está mais agudo, como uma broca de dentista. Daqui a pouco eles param para almoçar. Mas o estrago já estará feito. Às cinco horas vou estar moído pela obra alheia. E a noite vai ser perdida com especulações antecipatórias sobre os barulhos de amanhã. Mais uma vez vou ter que me entupir de ansiolíticos.

*

Apenas Sabbath, dos personagens de Roth, teria um diálogo tão franco com o membro viril. Uma relação de camaradagem — as vontades do pau e as suas em pé de igualdade, um bicho de estimação bem amestrado e o dono orgulhoso e exibicionista. Alexander Portnoy diz que o pau é a única coisa que pode considerar realmente sua, mas a relação é de subserviência opressiva: é o pau quem está no comando. David Kepesh, em *O professor do desejo*, também é escravo das pulsões. Mas ao contrário de Portnoy, ele é escravo de um ideal de virilidade incompatível com a vida do espírito (não é pela autonomia rija, mas pelo temperamento insondável que o pau o domina, funcionando quando e como quer). Já Zuckerman cumpre a função de analista para o seu órgão sexual, agindo como se este possuísse um inconsciente autônomo. É preciso um grande pervertido como Sabbath, decidido a *ser o próprio corpo* em vez de apenas habitá-lo, para domar o membro viril e viver com ele de forma harmônica. A Sabbath o que é de Sabbath — o velho titereiro não perdeu toda a magia.

25 de março

"O que você me diz do seu sonho?"
"Puro nonsense. O inconsciente é uma ameba."
"Produza associações..."
"O meu sobrenome é árabe, na verdade libanês, e a Hanna é judia. Mas no sonho é uma coisa só, sou um muçulmano-judeu..."
"... o ideal do amor romântico..."
"Pode ser..."
"..."
"E o Obama?"
"O Obama é o seu pai. Uma figura de autoridade, amada e temida."
"No sonho ele me constrange, faz a turma rir de mim. Me ridiculariza."
"Você se sente ridicularizado, o que é bem diferente. Não te parece que ele aponta um caminho?"
"Ele estava trapaceando!"
"Estava mesmo trapaceando? Heim, heim?"
"Não sei..."
"..."
"..."
"E W.? Vamos trabalhar esse significante."
"Que significante?"
"W."
"É o romance do Perec, estou certo disso. Tenho em casa, mas não li. No sonho W. estava grafado com a fonte usada na capa. Eu era uma pessoa, mas também um grafema, consegue entender? É claro que consegue entender. Procurei na estante e me espantei com o subtítulo do livro: *W., ou uma memória da infância*".

11 de abril

Desenvolvi um método de leitura. A ideia é fazer o livro durar um mês, às vezes mais. Leio em pequenos goles, interrompo, volto às passagens que sublinhei. Nem sempre consigo me segurar — quando me dou conta atravessei trinta ou quarenta páginas em duas horas, falta grave. Então desacelero, me concentro nos efeitos, na tensão ou no relaxamento que a narrativa produz no meu corpo. Acho que inventei a leitura tântrica.

*

Duas semanas transcrevendo e virando frases pelo avesso. Nem uma linha acrescentada, do dia 25 até hoje. O semestre em pleno andamento — aulas, reuniões, bancas. As forças de dispersão atuando de fora para dentro.

*

"Eu viro frases pelo avesso. Essa é a minha vida. Escrevo uma frase e viro-a pelo avesso. Depois olho para ela e viro-a pelo avesso de novo. Depois vou almoçar. Depois volto para o escritório e escrevo outra frase. Depois tomo meu chá e viro a frase nova pelo avesso. Depois releio as duas frases e viro ambas pelo avesso. Depois me deito um pouco no sofá e fico pensando. Depois me levanto e jogo as duas frases no lixo e começo tudo de novo. E, se saio um dia que seja dessa rotina, me desespero com o tédio e a sensação de desperdício." — E. I. Lonoff, em *O escritor fantasma*.

12 de abril

"Nada fez a favor de Israel" — na viagem a Jerusalém, a Hanna repetia essa frase de Sabbath como se fosse um mantra. Aonde quer que fôssemos, era como se esbarrássemos em pessoas *inventadas* por Roth: americanos de quipá com feições obliteradas, como o irmão de Zuckerman, em *O Avesso da Vida*; o velho babão e libertino, cantando uma canção melosa na rua de pedestres Ben Yehuda; pessoas se olhando com desconfiança no saguão do hotel, como se estivessem numa das tramas de *Operação Shylock*; o vendedor de quinquilharias na Cidade Velha, barba branca e voz gutural, respondendo à minha pergunta pelo preço de um vaso de cerâmica com um enigmático "I don't bargain".

19 de abril

"Um final de tarde de outono comum — vale dizer, radioso e deslumbrante. Que horror, que *perigo* essa beleza pode representar para alguém com uma depressão suicida e, mesmo assim, refletiu Sabbath, o tipo de dia que torna possível a um depressivo comum acreditar que a caverna na qual ele rasteja talvez o conduza na direção da vida." Em 1993, enquanto trabalhava em *Sabbath*, Roth teve depressão e passou duas curtas temporadas em um hospital psiquiátrico. Quanto há desse hospital na descrição do lugar onde Roseanna foi internada para tratar o alcoolismo? E quanto há do desespero de Roth na bela Madeline, a jovem com tendências suicidas que Sabbath conhece quando visita a esposa, uma "menina muito sensata que não quer desta vida mais do que morrer pelas próprias mãos"?

*

"Propomos que a *felicidade* seja classificada como um distúrbio psíquico e incluída nas edições futuras dos principais manuais de diagnóstico sob o seu novo nome: distúrbio afetivo básico, de tipo agradável" — Madeline, lendo em voz alta.

*

Sabbath, apostando alguns dólares nos índices de pressão arterial dos pacientes. Sabbath, oferecendo bebida em troca dos favores sexuais de Madeline. Sabbath, expulso do hospital psiquiátrico com duas garrafas de Stolichnaya embrulhadas em papel marrom. Sabbath, buzinando para Drenka às duas da manhã, nesse mesmo dia. Drenka, mandando Sabbath pastar.

*

Roth, em 1961, sobre *Invisible Man*, de Ralph Ellison — "pois aqui também o herói é deixado com o fato simples e gritante de si mesmo. Ele está tão sozinho quanto um homem pode estar. Não que ele não tenha saído para o mundo; ele saiu, e saiu e saiu — mas no fim escolhe ir para o subsolo, e lá viver e esperar. E isso tampouco lhe parece um motivo de celebração". Quanto do protagonista de *Invisible Man* ressurgiu em Mickey Sabbath?

20 de abril

Encontro duas marcações a lápis, quase imperceptíveis, nas páginas 340 e 341. São os únicos rabiscos no livro, fora os da folha de rosto. Li *O teatro de Sabbath* durante o luto pela morte do meu pai — nos primeiros meses perdi completamente o interesse por literatura, e esse foi um dos poucos romances que consegui terminar naqueles dias. "Sabbath sentia uma sublime efervescência por não ser ele o bom menino dentro daquela caixa" (aqui é certo que eu tenha pensado no "antes ele do que eu", repetido à exaustão em *Ruído branco*). O segundo trecho: "a caixa sempre deixava todo mundo impressionado. Seja qual for a idade da pessoa, a visão daquela caixa nunca perde seu poder. Não ocupamos mais espaço que o de uma caixa". Essas marcações são como documentos, vestígios da leitura, provas concretas de que deixamos no livro algo de nosso. O fato de não grifar obras de ficção diz muito sobre a pessoa que fui e, de certo modo, continuo sendo. Eu queria, na realidade precisava, manter os meus segredos bem guardados, imunes à bisbilhotice, e aquelas verdades sublinháveis podiam se revelar bastante incômodas se eu as deixasse circular livremente por aí. Mas nesses rabiscos isolados algo falou mais alto que o instinto de autopreservação. Era a maneira que eu tinha de gritar, acho: dois pequenos riscos nas margens de uma frase.

24 de abril

Nas últimas páginas, Drenka volta à cena. Enrolado na bandeira americana que cobriu o caixão do seu irmão, Sabbath vaga como o protagonista de *Invisible Man* meio século antes. Ele desistiu de se suicidar e, após dois dias bem movimentados, que, entre ações e lembranças, ocupam três quartos da narrativa, Sabbath volta a pensar em Drenka. E pensa na morte dela. Todos os dias, depois do horário oficial de visitas, ele a encontrava no hospital. "Meu namoradinho americano", ela dizia, quando Sabbath chegava, e mesmo sob o efeito da morfina ela conversava com ele, e os dois reviviam suas melhores transas, e lamentavam o que não puderam viver na companhia do outro. Até que um dia é o último, o encontro final. A cena da morte de Drenka, a sua última noite no mundo, sintetiza o arco narrativo e existencial do romance — é como se as vozes de Sabbath, de Roth e da própria Drenka trabalhassem em conjunto, se misturando para dar o maior vigor possível a esse último contato que temos com a humanidade transbordante da imigrante croata:

> *Drenka também tinha aprendido a falar "morfina", uma palavra que Sabbath nunca havia pensado em ensinar-lhe. Mas sem a morfina ela se sentia como se estivesse sendo rasgada ao meio, em carne viva, como se um bando inteiro de pássaros pretos, pássaros enormes, ela dizia, estivesse caminhando por cima da sua cama e do seu corpo todo, beliscando violentamente com os bicos bem no fundo da sua barriga. E a sensação, ela contava a Sabbath... sim, Drenka também adorava contar para ele... a sensação do seu esporro jorrando dentro de mim. Na verdade, eu não sinto o esguicho, não consigo, mas a pulsação do pau e minhas contrações, ao mesmo tempo, e tudo tão completamente encharcado, nunca sei se é o meu líquido ou o seu líquido, e minha boceta está escorrendo e meu cu está escorrendo e sinto as gotas descendo pelas pernas, ah, Mickey, é tanto caldo, Mickey, por toda parte,*

tudo tão ensopado, um enorme molho escorrendo... Mas agora estavam perdidos o molho, a pulsação, as contrações; agora estavam perdidas para ela as viagens que nunca fizemos, perdido para ela estava tudo, seus excessos, seus caprichos, suas espertezas, suas imprudências, seus arroubos amorosos, sua impulsividade, sua autodivisão, seu autodesprendimento — o sarcástico e satírico câncer convertendo em carniça o corpo feminino que, para Sabbath, fora o mais intoxicante de todos. A sofreguidão de continuar a ser eternamente Drenka, de continuar e continuar a ser quente e saudável e ser ainda ela mesma, tudo de trivial e tudo de extraordinário, agora, estava consumido, órgão por órgão, célula por célula, tudo devorado pelos pássaros pretos famintos. Agora, apenas os cacos da história, e os cacos do inglês dela, apenas as migalhas do coração da maçã que foi Drenka — só isso havia restado. O sumo que escorria de dentro dela, agora, era amarelo, escoando para fora de Drenka, amarelo em seus chumaços absorventes, e bem amarelo, amarelo concentrado, no saco do dreno.

Mesmo agora, no computador, fazendo pela segunda vez a transcrição desse longo trecho — a primeira foi diretamente no caderno —, sou capturado por sensações que se confundem e se alimentam mutuamente: dor, excitação, nojo, piedade, e um incômodo agudo que também experimento quando lixam as unhas perto de mim. Mas, sobretudo, e de maneira mais intensa, sinto um arrepio começando nos braços e me percorrendo a espinha. Os extremos da carnalidade convergem nesse parágrafo, o gozo e o aniquilamento, as pulsações de prazer e de morte. A alma de Drenka era também o seu corpo, os seus líquidos e inchaços e odores. E agora só restam uma carcaça viva e um saco de urina ao lado da cama — quem já presenciou a morte lenta de alguém sabe da expectativa depositada nesse saco plástico, os restos de vida em um corpo que se recusa a encerrar suas atividades. Enquanto há mijo, há esperança.

Na sua extinção, Drenka aparece como uma pessoa completa, um ser humano real. Ela é a imigrante que nunca conseguiu, verdadeiramente, se assimilar à vida americana, e tem no amante a principal conexão com a terra adotiva. "Sabbath tinha conseguido — uma risada veio do fundo da garganta de Drenka e os olhos dela eram os olhos de Drenka!". O líquido amarelo ainda circula — nem toda a alma foi sugada pelo dreno.

25 de abril

"Eu podia estar ouvindo a voz do Prozac." Sublinhei essa frase na releitura, me perguntando se a Hanna fez o mesmo quando leu *O teatro de Sabbath* na cópia encadernada que enviei pelo correio, na época em que, para mim, ela ainda era a ruiva da internet. Quando nos encontramos pela primeira vez depois de uma década de amizade virtual, uns dois anos depois de eu ter mandado o livro, a Hanna já tomava antidepressivos. Tudo o que sei sobre esses remédios maravilhosos aprendi com ela. Mas não sei se ela já se medicava quando recebeu a minha encomenda. Fiquei me perguntando.

Ligo para a Hanna e pergunto se ela guardou a cópia xerocada. Ela diz que sim, com certeza guardou, mas não consegue encontrar em nenhuma gaveta. Depois ela se lembra de ter emprestado a um amigo. No fim de semana ele devolve, e ela deixa a xerox já desbotada sobre o rack, ao lado da televisão. Folheio e encontro um bilhete seu para esse amigo. *O biscoito pela metade não foi para eu parecer cool, descolada e pós-moderna, mas é que só havia esse pacote aqui em casa, e já estava aberto, de modo que estou cedendo a você as últimas migalhas. Sinta-se um privilegiado. Como bônus, "O teatro de Sabbath". Livro foda!*

A cópia fica em cima do rack pegando poeira. É a semana de recesso (feriados de Tiradentes e São Jorge), mas, em vez de viajar com a Hanna para Paraty ou Visconde de Mauá, decido ficar em casa para retomar *O teatro de Sabbath* e escrever neste caderno. Ontem de noite terminei o livro.

Hoje acordei muito tarde, mesmo para os meus padrões. Larguei o ansiolítico há duas semanas e o sonífero há quatro meses, mas preciso de uma dose elevada de Melatonina para pegar no sono. Supostamente é um produto natural, mas acho intrigante que só o comercializem, ao menos na dosagem cavalar que preciso, nos Estados Unidos. Todos os dias acordo meio zonzo, é difícil levantar da cama. Fico pelo menos uma hora estirado preguiçosamente, sem pensar em nada, com a certeza de que tão logo me levante a ansiedade vai tomar conta de tudo, vai ditar o ritmo do meu dia. Só desperto verdadeiramente quando tomo o primeiro gole de café. Foi nessa hora, hoje cedo, que resolvi dar uma olhada na xerox da Hanna.

Leio o primeiro sublinhado — "a natureza ostensivamente monogâmica, essa é a razão". A julgar pelos nossos e-mails da época, esse era um assunto que nos atormentava: a monogamia. Aqui outro trecho que ela grifou e eu também grifei, uma síntese da filosofia escrachada do velho Sabbath. Ele se dirige à mãe, ou melhor, à mãe que reside em sua cabeça: "ou você não se pergunta o que significa estar morta, da mesma forma como não se perguntava o que significava estar viva? Estar morta é apenas uma coisa que você faz, assim como arrumar a casa?". Essas passagens que batem — elas formam uma pequena metafísica.

Terceira marcação em comum: "você quer monogamia fora do casamento e adultério no casamento". O velho Sabbath, esse sofista descarado! Marcação só dela: "uma outra vida capaz de tornar suportável o nosso lar". Marcação dos dois: "não há nada no mundo que cumpra o que prometeu". Anotação da Hanna numa das margens, a única que encontro folheando a xerox — *egoísmo infantil de se achar o centro do mundo x altruísmo necessário ao comportamento ético adulto*. Me pergunto se é uma nota para o projeto de doutorado ou um comentário autorreflexivo.

Outra marcação comum, "o cerne da sedução é a persistência". Mas só eu sublinhei a frase seguinte, "persistência, o ideal dos jesuítas". Sublinhado meu: "a depressão já é suficiente". Acho curioso ela não ter destacado essa frase.

os dois: "Nossa vida é tão emocionante quanto os nossos segredos, tão abominável quanto os nossos segredos, tão vazia quanto os nossos segredos, tão desesperada quanto os nossos segredos". E logo abaixo: "Manufaturar segredos é a principal atividade industrial humana".

ela: "Minha sátira é a minha doença".

os dois: "O número de pessoas sem teto na América não chega nem perto do número de americanos que tinham casa e família e odiavam tudo aquilo".

ela: "Eles não tinham *ideia* de como ela podia ser estranha".

os dois: "Pagara até o último centavo o tributo da arte, apenas não havia realizado arte alguma".

Philip Roth é definitivamente um autor sublinhável.

ela: "A única coisa que sei fazer é hostilizar os outros".

os dois: "A gente não sabe nada de pessoa alguma". Mas só ela marca o que vem na sequência, "todo mundo tem uma outra vida." Fizemos as nossas marcações em épocas diferentes, me dou conta. Em 2009 eu teria sublinhado essa frase.

ela: "Dostoievski — todo mundo cheio de rancores e com uma fúria imensa, uma raiva assim era pura música".

eu: "Poema criticado na sala por não ter uma perspectiva da mulher. Observar o inconsciente, privilégio de gênero — o terror *dele*, a glória *dele*, os monumentos (fálicos) *dele*".

ela: "É para sair pela porta que é preciso ter fibra".

os dois: "Foi da sua mãe que o Sr. Sabbath herdou a capacidade de jamais superar o que quer que fosse".

eu: "Nada fez a favor de Israel". Ela não marcou!

os dois: "E assim Sabbath passava o tempo, fingindo pensar sem pontuação, do jeito que J. Joyce fingia que as pessoas pensavam".

ela: "Um barrilzinho cheio até a borda com o conhaque intoxicante dele mesmo".

os dois: "Mas ela carrega a desordem consigo — ela é a desordem".

eu: "Mas eu era a desordem. Eu sou a desordem".

os dois: "O maravilhoso substrato dionisíaco da vida".

ela, com uma seta apontando: "Alguém para quem o tangível e o imediato são coisas repugnantes, para quem só a ilusão é plenamente real".

eu: "Otelo? É uma peça de teatro. Uma peça em que um africano veneziano estrangula a sua mulher branca. Você nunca ouviu falar dessa peça porque ela perpetua o estereótipo do homem negro violento. Mas na década de 50, a humanidade ainda não tinha se dado conta do que era importante e os alunos, na faculdade, caíam vítimas de uma porção de mentiras malvadas".

ELA: "A alegria da tarefa de ser o selvagem para eles".

EU: "Roseanna jamais escreveria o nome dele".

ELA: "A ajuda fornecida pela bebida, cujas propriedades benéficas como estimulante conjugal são celebradas na Bíblia".

OS DOIS: "Eles não eram o único casal na Terra a quem a desconfiança e a aversão mútua forneciam os alicerces indestrutíveis para uma união duradoura".

ELA: "A felicidade é estatisticamente anormal".

OS DOIS: "A gente só pode ser jovem uma vez, mas pode ser imaturo a vida toda".

EU: "O período trágico da minha vida. Entre catorze e dezesseis anos".

ELA: "Se bem que, mais cedo ou mais tarde, todos os maridos acabam ficando iguais ao Matija de Drenka".

EU: "Para muita gente, isso é o melhor que se pode dizer acerca da morte: por fim, livres do casamento".

ELA: "Planos de partir. Quem não tinha planos desses?".

EU: "Nada comove tanto Sabbath quanto essas gostosonas que estão ficando velhas".

ELA: "Um dilúvio de elogios típicos de um marido bobão!".

EU: "A voz do Prozac". Ela não marcou!

OS DOIS: "Sabbath aguardou para ver como o Prozac ia rebater essa".

ELA: "Se Iavé quisesse que eu fosse calmo, me teria feito gói".

OS DOIS: "Ter alguém ao lado enquanto espera que o laboratório mande o resultado da biópsia".

ELA: "A esposa precisa aprender a renunciar à grande ilusão narcisista do êxtase".

OS DOIS: "Se nos avisassem de antemão de todos os erros que teríamos de cometer, a gente diria não, não posso, vocês vão ter de arranjar outra pessoa, sou esperto demais para cometer todas essas burradas".

OS DOIS: "Quando a gente sai para a rua e vê todo mundo vestido, pode ter mesmo a certeza de que ninguém faz a menor ideia da razão pela qual nasceu".

os dois: "É um milagre que a gente não morra por compreender as coisas tarde demais. Mas na verdade a gente *morre* disso — e *só* disso".
os dois: "Eu não ia ter aguentado levar uma vida só".
ela: "Quando o jeito meticuloso de Matija dar dois nós no cadarço dos sapatos a fazia ver a vida como uma treva absoluta".
os dois: "Estou livre da vida. Enfim, está acontecendo".

Nova York. 9 de maio de 2014

Estamos na cidade há nove meses, a Hanna e eu. Em três semanas, pegaremos o avião de volta para o Brasil. Foi uma viagem turbulenta, diferente do que imaginávamos antes de vir para cá. Os americanos são hostis em sua simpatia forçada. O *studio* (que a Hanna insiste em chamar de muquifo) é mínimo, apesar de bem localizado. A cama é minúscula e estreita, o sistema de aquecimento, deficiente, foi o pior inverno em oitenta anos e só agora, em maio, os dias começam a ficar longos e a temperatura agradável. Mas começou a chover. Chove quase todo dia. No domingo vamos a um piquenique no Central Park, um encontro de idiomas (nosso inglês ainda é rudimentar). Deve fazer sol, de acordo com a previsão do tempo. É preciso consultar o *Weather Channel* diariamente e carregar na mochila roupas para duas estações. Hoje fez calor, foi um dia agradável. É estranho, mas acho difícil associar Nova York a amenidades. Associo Nova York a invernos tenebrosos, ao enjoativo cheiro da neve (um cheiro de umidade e de sujeira congelada), à bota marrom impermeável pesando nos meus pés e afundando nas poças d'água — os *puddles* — que fazem com que atravessar a rua seja uma atividade cheia de riscos, na iminência da selvageria. Também associo Nova York a coisas boas: gente do mundo todo, arte, música, bibliotecas infinitas, a Strand, o Lincoln Center. No fim das contas é melhor estar aqui do que não estar aqui. Mas estar aqui é um grande perrengue, que se renova diariamente. Comprar pão é um perrengue, lavar roupa é um perrengue, tomar café é um perrengue. E já estou cansado disso tudo. A Hanna mais ainda. Por ela teríamos voltado ao

Brasil no terceiro mês. Afinal, essa é a minha viagem — o pós-doutorado dele, os objetivos dele, os monumentos (fálicos) dele.

Tenho ido aos museus com alguma frequência, agora na primavera — no inverno só me ausentava do muquifo para ir à biblioteca ou para me embriagar. Semana passada, o Jonas esteve aqui, enquanto Hanna e eu viajávamos pela Califórnia. Ele dormiu no sofá, embora a cama estivesse desocupada. O Jonas veio para Nova York com essa ideia fixa, dormiria num sofá de qualquer maneira — pelo visto ele queria *fazer a América*, ou ter os seus dias de Llewyn Davis. Ontem fomos ao MOMA e o Jonas me ensinou um bocado sobre arte contemporânea. Esqueci tudo. Também fui ao MOMA com um crítico brasileiro de renome, professor visitante em Yale, ver a mostra da Lygia Clark. Não sei por que ele me convidou. Circulando pelos corredores, elaboramos em conjunto uma narrativa sobre as fases da obra da artista plástica — com o único objetivo, aparentemente, de nos revelarmos inteligentes um para o outro. Ele foi bem-sucedido. Quanto a mim, tenho dúvidas (tomei conhecimento da existência da Lygia Clark na noite anterior, pelo Google). No mais, estudo sem disciplina e, como não poderia deixar de ser, exploro com impaciência e cobiça o acervo da Bobst, a biblioteca da New York University, usando o critério da boa vizinhança e seguindo as trilhas de notas de rodapé que me levam a outras notas de rodapé. Eu moraria nessa biblioteca, acamparia nesse carpete com o meu saco de dormir, se tivesse um, e me alimentaria um semestre inteiro com o café amargo do Starbucks e com esses *pretzels* recendendo a pneu queimado vendidos na barraquinha da esquina.

Ontem fomos ver o Philip Roth. Sua última palestra, a última leitura pública, na verdade. A despedida dos palcos. *Exit Ghost*. Só hoje de manhã fiquei sabendo que tinha sido a despedida, quando a Hanna me mostrou a matéria do *The New York Times* sobre o evento. Não ligamos para eventos literários, a Hanna e eu. Quando publicou o seu primeiro romance, ela se recusou a fazer uma noite de autógrafos. Achava a ideia repulsiva. Eu não me importei de estar presente no lançamento do meu livro — um livro acadêmico, é bem verdade, nada que possa comprometer o autor diante da família e da sociedade. Vendi quarenta e quatro exemplares e me alcoolizei severamente. Na manhã seguinte ao lançamento, por coincidência, o romance da Hanna seria resenhado no suplemento literário de um jornal carioca. Ainda não estávamos juntos, mas esperei com ela o dia nascer, compramos o jornal e li a resenha em voz alta, numa rua deserta do Flamengo, ela tão bonita naquele vestido lilás combinando com o cabelo ruivo, e tão feliz porque a resenha era inequivocamente elogiosa. Enfim. Não gostamos de eventos literários, mas herdamos os tíquetes de um amigo, escritor e diplomata (uma pessoa realmente importante), que precisou voltar ao Brasil para assumir um cargo em Brasília. Os americanos são fascinados por tíquetes, passam meses se vangloriando, *I've got a ticket for this, I've got a ticket for that*. Até agora ficamos imunes a essa urgência, e só o que esse capricho nos assegurou foi a exclusão voluntária das formas de socialização adulta mais corriqueiras neste país. Mas ontem experimentamos o gostinho do tíquete. E é bom ter um tíquete, preciso reconhecer. Os americanos sabem das coisas.

O evento começaria às oito da noite. Às seis eu tinha uma festa de fim de semestre dos alunos e professores da *Comparative Literature*, na casa do chefe de departamento, o professor Johannes Ezra — a única festa para a qual fui convidado em nove meses, e mesmo assim por cortesia do meu supervisor de pesquisa, um careca com pinta de jogador de rúgbi, extremamente gentil, que nos meus primeiros meses em Nova York tentou de todas as maneiras, e sem sucesso, me inserir na vida universitária do país. Não entendi a razão de o supervisor ter me chamado para a festa. Talvez quisesse me exibir para os colegas de departamento: vejam que animal exótico, um subalterno de raiz, um dos últimos da sua espécie, nem inglês ele fala direito, passou nove meses encolhido na biblioteca, mal apareceu em palestras e eventos, é possível que não tenha se adaptado ao clima e à comida, isso é comum entre a gente dos trópicos. Ou então o professor Ezra andava desconfiado daquela supervisão, e talvez quisesse atestar com os próprios olhos a minha existência. Vai saber o que se passa na cabeça dos gringos.

Encontrei o supervisor no prédio da Letras e fui logo dizendo que não poderia ficar muito tempo na festa: *I've got a ticket to Philip Roth's lecture.* Foi a primeira vez que usei a expressão *I've got a ticket* na América. Fiquei orgulhoso de mim mesmo. *Oh really?*, ele respondeu, *never read his books.* Fomos andando até a casa do diretor do departamento, e um aluno de doutorado se juntou a nós no Washington Square Park. Pelo que entendi, ele estuda Derrida. Quanto a mim, não soube explicar ao jovem derridiano o que vim fazer na América. Deveria ter dito, *I read books*, mas só o que consegui foi balbuciar *historical fiction*. Não fazia calor, e mesmo assim eu suava com tenacidade. O Derrida desistiu de mim antes de alcançarmos o prédio do chefe de departamento. Se limitava ao supervisor, com quem conversava animadamente, e em francês, sobre a pesquisa de doutorado.

O supervisor me apresentou ao dono da casa como um *visiting scholar* que bla bla bla. Falando em espanhol, o Professor Ezra me perguntou se eu preferia *vino blanco o vino tinto. Blanco*, eu disse, e logo me vi sozinho no meio da sala. O apartamento era amplo, sobriamente decorado e com uma vista belíssima do parque. Fiquei me perguntando, enquanto me esforçava para não terminar rápido demais a taça de vinho, quanto o Professor Ezra deve ganhar por ano. Talvez por piedade uma estudante se juntou a mim no meio da sala, e foi logo dizendo, com um sorriso largo e acolhedor, que tinha passado um mês no Rio de Janeiro, embora não falasse uma única palavra em português. *Oh really?*, respondi. Sem a pressão acadêmica me saí razoavelmente bem na conversação, e falamos durante vinte minutos sobre morar em Santa Teresa (*pretty cool, actually*), a cerveja brasileira (*tasteless*) e Clarice Lispector (*she's so fucking brilliant!*). Às sete e quinze me despedi. Num tom blasé, disse a ela: *I've got a ticket* para ver o Philip Roth essa noite. Imaginei que receberia uma reprimenda — *he is such a misogynist!* —, mas para a minha surpresa ela se mostrou verdadeiramente empolgada. *You can't get late!* Me despedi do supervisor e do Derrida. Ao que parece, ainda falavam sobre a tese.

Marquei com a Hanna na Lexington Avenue, no Upper East Side, um bairro de gente esnobe. Passamos as duas primeiras semanas da viagem nessa região, dez quarteirões ao sul, no apartamento de uns brasileiros milionários, amigos da irmã da Hanna, que nos alugaram o quarto e sala pela metade do preço de mercado. Paramos num Starbucks e comprei um balde de café, mas só tomei a metade — um balde inteiro me deixaria um mês sem dormir. Ela pediu um *brownie* ou um *muffin* ou um *scone* ou um *cupcake* ou um *cookie*. Dizem que os esquimós têm quarenta palavras para neve; os americanos têm quarenta palavras para bolo. Saímos de lá e caminhamos de forma acelerada (menos por pressa que por assimilação subserviente dos costumes locais), até a instituição judaica de nome esquisito onde o evento se realizaria, o *92nd Street Y*. Mostrei ao segurança o meu tíquete azul. 57 dólares. Pensei que seria delicado, um gesto elegante, retribuir a cortesia e levar o amigo que nos presenteou com o tíquete para jantar, mas onde? Sempre comemos as mesmas coisas, nos mesmos lugares, comida pronta do *Whole Foods*, restaurantes a quilo no Brasil, não dá para levar um diplomata num restaurante a quilo. Perguntei a Hanna se ela estava ansiosa. Ela disse que não. Eu também não estava. Ao lado da fila havia uma bancada com livros previamente assinados por Roth. Não haveria sessão de autógrafos.

A sala Kaufmann de concertos é ampla e imponente. Assentos de madeira devidamente acolchoados, um palco com dimensões consideráveis — daria para encenar uma ópera inspirada em *Guerra e Paz* se eles quisessem. No canto direito, um púlpito. Por um instante imaginei que o Roth falaria dali, mas logo reparei na mesa de madeira, sobriamente iluminada, no centro do tablado. E o mais impressionante — três nomes bíblicos cravados na madeira com letras garrafais e douradas, pairando acima do público, DAVID MOSES ISAIAH. Decididamente uma atmosfera litúrgica. Aos poucos a expectativa foi se tornando quase palpável. Balanço as pernas freneticamente, são quase oito e meia. Só paro de me mexer quando chamam ao palco a biógrafa de Roth, que fará a abertura. Do púlpito, ela lê um texto preparado para a ocasião, alguma coisa sobre o corpo e as mulheres, ou o corpo feminino em Roth, ou segmentos da sua obra não assimilados pela crítica. Logo depois é a vez da escritora Nicole Krauss. Ela lê um depoimento sobre as conversas que teve com Roth nos últimos anos e, se entendo bem, o que é sempre uma questão, não vai nos introduzir à obra dele — por que apresentar ao público a razão de estarmos aqui, reunidos? —, e sim nos preparar para a *voz* de Roth, para a sua elegância, para o seu magnetismo. Ela irá nos amansar para a *presença* do Autor. Muito nervosa e acelerada, tropeçando no próprio texto, era como se ela nos dissesse, "não esperem não ser tragados pelo carisma desse homem, não esperem não se envolver pelo seu charme, é bom que estejam prontos para o que vai acontecer".

    Roth é chamado. Saúda a plateia, senta-se e anuncia que lerá uma passagem de *O teatro de Sabbath*. Eu e Hanna trocamos um sorriso. Era o *nosso* Roth, e calhava de ser o Roth favorito do próprio Roth. Após uma breve introdução apresentando o protagonista e suas vicissitudes — "este Sabbath é um piadista como Hamlet, que pisca para o gênero da tragédia ao contar piadas, assim como Sabbath pisca para o gênero da comédia ao planejar suicídio" —, Roth lê um longo trecho, uma das cenas mais impactantes do romance, quando Sabbath caminha no pequeno cemitério judaico procurando um espaço livre para ser enterrado, já que a última vaga no jazigo da família, onde estão os restos mortais da sua mãe, do seu pai e do seu irmão, havia sido ocupada alguns anos antes por uma tia. Nem para morrer na hora certa ele serve. Agora já não será possível fantasiar com o retorno à harmonia da infância, quando os Sabbath eram uma família unida e feliz morando perto da praia, antes de serem estripados por uma pequena lasca da História mundial.

    Ágil, articulado, com uma voz envolvente e o tempo perfeito da leitura, Roth ri do que escreveu vinte anos atrás, e nos faz rir, e nos emociona exatamente porque nos faz rir. O procedimento do capítulo vai gerando, aos poucos, um impacto notável na audiência: a sequência de epitáfios ("nossa amada mãe Minnie", "nosso amado marido e pai Sidney", "amada mãe e avó Frieda"), entrecortada pelas memórias de Sabbath e por novos epitáfios ("amada esposa e mãe Fannie", "amada esposa e mãe Hannah", "amado marido e pai Jack"), inunda o teatro de melancolia. É como se Mickey Sabbath estivesse na plateia. Ou como se pairasse, acima daqueles nomes bíblicos, como um fantasma ditando sua história para o "secretário do invisível" instalado no centro da arena. Compreendo pela primeira vez a beleza dessa imagem de Czesław Miłosz — o acontecimento da literatura como saída de si, tanto do autor como dos leitores e ouvintes, o acontecimento da literatura como transbordamento que abre caminho para uma possessão.

Voltando para casa, ainda no táxi, me vem à mente a frase de Kafka citada por Roth em algum momento da noite — "o sentido da vida é que ela acaba". Isso também vale para a literatura, penso. Alguma coisa tinha sido encenada naquele teatro: o réquiem de um autor, feito por ele mesmo e com palavras emprestadas da sua obra. Mas não era só isso. Toda uma ideia de literatura, toda uma ideia de autoria — baseada na exaustão, na busca maníaca da originalidade, na renúncia da vida em nome da arte —, parecia sair de cena, junto com o fantasma de Mickey Sabbath e com a imponência viril do corpo que lhe emprestou uma voz. De volta ao muquifo, abrimos uma garrafa de vinho tinto e bebemos em silêncio. A coisa real, *the real thing*, havia estado diante de nós.

O CÍRCULO E A LINHA

Sexta, 7 de agosto de 2015

Acordei tarde no domingo. E me sentia agitado, depois de uma madrugada insone assistindo com a Hanna à temporada inicial de *Breaking Bad*. Na véspera, eu tinha empilhado num banquinho de madeira, usado como suporte para o que preciso ter por perto enquanto leio ou escrevo, alguns romances sobre paternidade. Afastado dos compromissos profissionais que, num período letivo normal, me desviariam por meses, quem sabe para sempre, deste diário de releituras, e precisando lidar, para fins terapêuticos, de forma menos ansiosa com o ócio em que mergulhei por ocasião de uma greve nas universidades federais, pensei em usar a energia gasta nas atividades do dia a dia para atravessar esses romances. A ideia era, a partir deles, investigar as fissuras que se abriram na minha consciência, resultado de uma desgastante sondagem interior, me obrigando assim, pela leitura e pela escrita, a enfrentar pela primeira vez em sete anos o aniversário da morte do meu pai. Mas por razões que a mim mesmo não ficam inteiramente claras, isso não foi possível. No dia em que eu deveria me ocupar com a memória do meu pai, não pensei nele uma única vez.

8 de agosto

Mais cedo abri um dos romances empilhados no banquinho. É preciso começar de alguma forma, determinar um ponto de partida.

9 de agosto

O aniversário da morte do meu pai e o dia dos pais são eventos vizinhos. Mas nunca vão coincidir. Sempre atentos, os pais da Hanna me convidaram para almoçar hoje com eles, mas preferi, como faço todos os anos, atravessar sozinho esta data cheia de ardis.

*

Não tenho lembranças de quase nenhuma comemoração do dia dos pais. Mas hoje algo me veio à mente. Eu tinha vinte e poucos anos, terminava a faculdade e raramente visitava o meu pai, apesar de morar bem perto dele, a poucos quarteirões de distância. Como sempre acontecia, subi a serra para passar a data no sítio. Havia muita expectativa daquela vez. A sua esposa estava grávida e, quando tínhamos nos encontrado uns meses antes para comemorar o meu aniversário, notei no rosto do meu pai uma embriaguez quase risonha por essa nova etapa na vida. Talvez por isso, com a aproximação do dia dos pais, eu tenha sentido vontade de dar a ele algum objeto carregado de relevância sentimental, em vez das lembranças protocolares de todos os anos — as camisas que não serviam, os sapatos que ele nunca usava, as canetas imediatamente largadas num canto. Decidi presentear meu pai com um exemplar de *Quase memória*, o *meu* exemplar, manuseado, encardido, rabiscado aqui e ali com anotações comprometedoras.

Queria reconstruir a minha primeira leitura de *Quase memória*. Este caderno é sobre isto — voltar a livros que me fizeram feliz e encontrar, neles, traços da pessoa que fui e deixei de ser. Mas não lembro as condições em que li o romance. Também não me lembro do que escrevi na dedicatória. Meu pai se importava tremendamente com essas palavras manuscritas, gostava de dedicatórias. Uma me marcou bastante. Foi na época em que, depois de uma década dividindo a cama sem mal se falarem, ele e a minha mãe estavam se divorciando. No meio dessa turbulência anunciei que largaria o curso de direito, e não duvido que meu pai, ansioso como era, se sentisse culpado pela minha crise (o sentimento difuso de culpa é um patrimônio de família). Na aflição de me ajudar, ele comprou um livro de introdução à psicologia, uma das carreiras que eu cogitava seguir. Acabei optando por história, e nesses 20 anos mal abri o manual universitário de capa azul que ganhei naquele dia. Mas não perdi o livro de vista. Agora mesmo ele está aqui, do lado da poltrona, no banquinho de madeira, e posso ler o que o meu pai escreveu com a letrinha redonda e miúda que, como me dou conta, imito ao povoar este caderno com comentários, citações e reminiscências —

> Espero que este livro
> ajude você a organizar sua
> decisão. Qualquer que seja,
> nosso Pai ajudará para que
> seja a melhor, e seu pai para
> que se concretize
> com meu amor,
> em 12/06/96

—, a letrinha que talvez eu já imitasse quando marquei, anos depois e de forma definitiva, o exemplar de *Quase memória* que acabou se perdendo em alguma mudança. Enquanto o meu pai rasgava o embrulho com gestos metódicos, disse a ele que o livro era sobre uma época em que tudo era mais leve e ele era mais feliz, um livro sobre o que acontecia ali, no sítio, naquele exato instante (a carne ardendo na churrasqueira, uma barriga intumescida no quarto ao lado), um livro sobre o inexplicável, eu devo ter falado, e sobre a longa cadeia do ser, um livro sobre a corrente que, dia após dia, ano após ano, num traçado reto e infinito, nos prende à infelicidade de pessoas que estiveram no mundo antes da gente, mas precisa ser assim? (é possível que eu tenha perguntado), não seria melhor extinguir essa linhagem e renunciar à incumbência extravagante e opressiva de perpetuar a espécie humana? Enquanto meu pai rasgava o embrulho com gestos metódicos, eu fiquei calado, acompanhando com interesse, e certa repulsa, sua respiração ruidosa, e cada lufada de ar carregava toda a solidão que eu viria a conhecer e muito da solidão que ainda não conheci, e assim permanecemos por um bom tempo, eu e ele, sem dizer coisa alguma, mas com a certeza de que, ao menos naquela hora, agíamos como o pai de alguém e como o filho de alguém.

10 de agosto

Tive uma noite difícil. Fui deitar muito tarde, como de costume, mas acordei assustado às cinco da manhã, o dia ainda escuro, com a sensação de que era observado enquanto dormia. Num gesto de autopreservação tão instintivo quanto inútil, me cobri dos pés à cabeça e fui imediatamente tragado pelo sono. Instantes depois, acordei com um barulho no bocal da luminária, que eu havia ajustado na noite anterior para ler na cama e, sem motivo aparente, se soltou durante a madrugada. Em outras circunstâncias nem notaria esse som quase inaudível, mas, dadas as condições de temor já plenamente instaladas, imaginei, na mesma hora, que recebia uma visita do além.

12 de agosto

Relendo *Patrimônio*, do Philip Roth, sem ter chegado na metade de *Quase memória*. É possível que eu abandone o Cony. Não porque o livro me desagrade. Não é isso. Só não tenho vontade de ir em frente. Ao contrário da vida em geral, quando se trata de literatura, isso basta. A desistência é um direito inalienável do leitor.

13 de agosto

Numa cena de *Patrimônio*, Philip Roth dirige até uma pequena cidade nos arredores de Nova York. Ele vai visitar o pai doente. E deve comunicar que o mal-estar físico dos últimos meses, a razão daquela visita, se deve a um tumor no cérebro possivelmente mortal. Distraído, procurando as palavras que possam ao mesmo tempo transmitir a notícia e trazer algum conforto, Roth perde o retorno para a cidade. Quando se dá conta, está em frente ao portão principal do cemitério onde sua mãe está enterrada. "Embora não estivesse procurando, conscientemente ou inconscientemente, aquele cemitério na manhã em que eu deveria contar ao meu pai sobre o tumor que o mataria", Roth escreve, "eu tinha, sem erro algum, feito o caminho mais curto do meu hotel em Manhattan até o túmulo de minha mãe, e até o lote vizinho onde ele seria enterrado".

O caminho mais curto.

Quando pus fim ao meu primeiro casamento, cinco anos atrás, e decidi alugar um apartamento depois de uma temporada caótica morando com a minha avó, imaginei que levaria algumas semanas até encontrar um lugar razoável para ficar. Mas ao contrário das minhas expectativas, visitei um único apartamento e no mesmo dia assinei o contrato. A localização era perfeita (rua tranquila em Copacabana), o valor não era extorsivo (ao menos para os padrões cariocas), e eu estaria perto da Hanna e a uma distância segura dos meus familiares, que seguiriam as suas vidas no mesmo Recreio dos Bandeirantes onde, em meio a supermercados e postos de gasolina, longe de cafés e outros espaços para o convívio humano amistoso, me escondi do mundo por inacreditáveis dez anos. Mas hoje estou certo de que essas razões objetivas, essas motivações muito sólidas que me levaram a escolher o apartamento onde estou até hoje, não foram primordiais na minha decisão. Logo que me mudei, antes mesmo de desfazer as malas e desencaixotar as tralhas, quis percorrer as ruas vizinhas, meio a esmo, para ir me habituando ao novo bairro, e ao atravessar o Túnel Velho de bicicleta descobri, para o meu espanto, que estava a apenas cinco minutos, quinze de caminhada, do cemitério onde o meu pai está sepultado. O que eu não tinha percebido, ao resolver onde morar, é que trocava a influência dos vivos pela proximidade dos mortos, e que as forças do inconsciente, se movendo em espiral, sempre encontram uma maneira de me conduzir aos lugares e às pessoas que não consigo deixar para trás. Aqui estou e aqui ficarei por um bom tempo. Esperando o quê, eu não sei.

14 de agosto

Hoje cedo uma máxima me veio à mente enquanto tomava café. "O ócio verdadeiro", assim lembrei, "é fruto da relaxação e não das contendas da alma. Não pode ser chamado de livre aquele que às vezes não está fazendo nada". É uma fala de Crasso, o jurista romano que Marco Túlio Cícero transforma em personagem do diálogo *Do orador*. Mas tomei por certo que a frase era do Conselheiro Aires, de cuja vida me ocupei nos últimos dias, com grande interesse, em parte para esquecer as minhas próprias "contendas da alma", em parte para entreter a mente enquanto o meu corpo se batia contra uma gripe. Pode ter sido o gosto em comum pelas releituras, ou a minha inveja de uma rotina tão regrada quanto vagarosa, na qual o cultivo do espírito é como uma finalidade sem fim. O fato é que me interessei de tal maneira pelo Conselheiro, investindo o sujeito de ares tão elevados em termos de doutrina filosófica, que terminei por confundi-lo com um personagem ciceroniano. Só percebi o erro agora há pouco, quando abri o caderno para escrever esta entrada. Mas acabei me desviando do assunto. O que gostaria de registrar é que, na configuração atual do meu ser, o ócio é apenas um combustível para a angústia.

*

A greve continua. Ontem na assembleia (naturalmente não dei as caras), os votos contrários não foram suficientes para encerrar a paralisação. Contava com o fim da greve para retomar o fluxo normal da vida e me intoxicar novamente com o mundo do trabalho. Talvez assim eu pudesse alcançar um estado seguro de autoalienação. Não tenho vocação para tamanho cultivo interior. Preciso me espalhar no espaço, ser muitos e não só Eu Mesmo, me ocupar a maior parte do tempo com "outras vidas que não a minha".

4 de setembro

Sonhei que o céu estava carregado e ia chover torrencialmente. Eu caminhava pela Nossa Senhora de Copacabana à procura de um supermercado, mas as lojas estavam fechadas e as ruas completamente desertas. Muda a cena e estou em casa, me preparando para quando as águas vierem. Na realidade estou prostrado no sofá, com um livro aberto. É como enfrentarei o dilúvio que se aproxima.

6 de setembro

Já se tornou um ritual. Todos os sábados viramos a noite, a Hanna e eu, assistindo a Breaking Bad *e tomando vinho branco. Ela diz que é como ver novela sem se sentir culpada. Para mim, lembra a experiência de ler* Robinson Crusoé: *aborrecido em alguns momentos, principalmente porque demora a engrenar, mas sempre interessante. Me sinto ao mesmo tempo entorpecido e estimulado ao atravessar esse novo continente estético. Assim como o romance do século 18,* Mad Men *e* Breaking Bad *têm o viço das formas jovens, das formas adolescentes. É como se, para Walter White e Don Draper, todas as possibilidades estivessem abertas, como estiveram, antes deles, para Crusoé, Moll Flanders e Tristram Shandy. É meio-dia na vida das séries.*

*

Breaking Bad *como reescrita de* Moby Dick. *Walter White como o pai totêmico (o pai só existe morto). Jesse como o filho pródigo (a um filho mais novo é dada a sua herança). Gustavo Fring como modelo moral (a retidão de caráter de um homem bom).* Breaking Bad e o significado alegórico. Alegoria da arte. Alegoria da vida. Alegoria da porra toda.

8 de setembro

Sonhei que estava com a minha avó, a dona Bertha, no quarto de adolescente da minha irmã. A mãe da minha mãe conta histórias antigas sobre a infância da sua mãe, em Trás-os-Montes. Finjo não ter interesse, mas sinto prazer com o falatório. Dona Bertha tem a voz de uma gralha, me nina como se eu fosse um bebê, e do seu colo avisto uma mulher jovem, deitada de bruços. Não dá para distinguir seu rosto, mas é a Hanna, sei que é a Hanna. Ela tem algumas bolhas, pequenas feridas na pele. Está com catapora. Digo que precisamos ir ao médico. Muda a cena e estou num consultório de dentista. Minha avó (dona Bertha, mãe da minha mãe) me acompanha na consulta. De pé, atrás da cadeira ergonômica, sem dizer uma palavra, ela me espreita como um fantasma, enquanto a dentista me faz perguntas.

9 de setembro

A greve terminou. De volta à linha reta, à normalidade da vida. Finalizo um artigo acadêmico, leio uma tese, adianto a preparação das aulas. Diário de releituras largado num canto — espero retomar, assim que puder, o ensaio sobre paternidade.

10 de setembro

Sonhei que tinha uma filha e a levava para passear numa paisagem de Cézanne. Era um campo com folhagens esvoaçantes, verde-claras, cercado por montanhas de tonalidade arenosa e vegetação rasteira. Estávamos dentro de um quadro de Cézanne e a minha filha dormia em seu carrinho de bebê. Suas bochechas eram grandes e rosadas, ela era branquinha como a Hanna, e tinha pouco cabelo. Dentro do quadro, o espaço era infinito, e estávamos imunes à passagem do tempo.

15 de agosto

Paul Auster, em *A invenção da solidão* — "A exemplo de tudo o mais na vida do meu pai, ele só me enxergava através da névoa da sua solidão, como que a vários graus de afastamento de si mesmo. O mundo era um lugar distante para ele, eu creio, um lugar onde nunca conseguiu de fato entrar, e lá, ao longe, em meio às sombras que se elevavam atrás dele", Auster escreve, "eu havia nascido, me tornei seu filho, e cresci, como se fosse apenas mais uma sombra, aparecendo e desaparecendo no reino de penumbras da sua consciência".

O ressentimento é um tema frequente na literatura sobre paternidade, o ângulo por excelência a partir do qual filhos e filhas escrevem sobre os seus genitores. Em *A invenção da solidão*, Auster se coloca numa posição de falta, de quem reivindica alguma coisa, ou no lugar de uma criança esperneando por atenção. Como na *Carta ao pai*, de Kafka. Como em *Os irmãos Karamázov*. Ou em *Jardim, cinzas*, de Danilo Kiš. Ou em *Quase memória*. Um crítico apontou, certa vez, a habilidade de Cony para ocultar quase todo o tempo, e só revelar de forma sugestiva, o ódio do narrador pelo pai. Nunca achei que houvesse ódio ali — talvez pelas minhas projeções sentimentais em relação ao livro, fortes o bastante para reprimir, em mim, o reconhecimento de que as pulsões edípicas sempre alimentam a boa literatura sobre paternidade. Hoje dou razão ao crítico. Já *Patrimônio* parece ir na direção contrária: o relato de Roth tem um verniz quase excessivo de benevolência em relação ao pai. As cenas e os comentários são tão lustrosos, tão untados, que deixam a impressão de que algo muito sério está sendo encoberto, um ódio latente, uma vergonha represada, um sentimento massivo de opressão, uma falha nunca esquecida. Infâncias radiantes não produzem escritores complexos, alega Nathan Zuckerman, na reescrita da carta ao pai que encerra *Os fatos*, a autobiografia de Roth. Muito do fascínio de *Patrimônio* tem a ver com essa ironia não premeditada, que faz com que cada frase do livro deixe a impressão de estar explosivamente impregnada do seu sentido contrário.

16 de agosto

Retomo *Quase memória*. Conforme avanço na leitura sou inundado pela certeza de que não cheguei, verdadeiramente, a conhecer meu pai — eu não preencheria cinco páginas com descrições de conversas suas com amigos próximos, dos seus interesses mais íntimos, de seus amores e inimizades, dos seus filmes favoritos, dos quadros de que mais gostava, das suas preferências para além da política e da glutonaria. Já o narrador de *Quase memória* é um titereiro com pleno controle do cenário onde se desenrola a vida do seu personagem, e acesso irrestrito aos pormenores, nada inexpugnáveis, de uma existência alheia à sua. Um ideal de pleno reconhecimento, de perfeita identificação entre criador e criatura. A ficção como um plasma translúcido onde aparecem as imagens da memória. Acredito que isso seja possível, que o convívio humano e a sensibilidade penetrante nos permitam acessar as profundezas de outra pessoa, e que a perícia artística, em raros momentos, consiga transportar para o papel a inteireza existencial de alguém que efetivamente existiu. Mas para mim nunca funcionaria dessa forma. É que só conheci a pessoa a quem chamava de pai através de um papel desempenhado por ele. Só o conheci no exercício de uma função. Da função-pai. Quando tentei, anos atrás, escrever sobre ele (um romance... por que a insistência infantil com a forma romanesca?), quando tentei escrever sobre o meu pai, só o que consegui foi esboçar a caricatura de um sujeito lacônico — a maior parte das cenas descrevia a maneira como um homem inacessível cumpria, com dignidade, mas também com aflição, um papel que não se sentia vocacionado para desempenhar. O que significa dizer, num plano geral, que o tema do romance era a ausência. Ou a ausência, no meu ângulo de visão, da pessoa que foi o meu pai.

*

Releio o que escrevi acima. Me pergunto se não estou sendo severo — com ele e comigo. É claro que, em alguma medida, conheci a pessoa que foi o meu pai. Foram anos de intensa observação. De lampejos, de filigranas da sua individualidade. Uma vida inteira de detalhes significativos.

17 de agosto

(fragmento de um romance abandonado)

Como vai ser depois que o meu pai? Todas as noites eu me fazia a mesma pergunta. Por muito tempo, nos anos iniciais da minha vida adulta, tratei as coisas práticas da vida como assuntos menores, preocupações que não me diziam respeito. Mas tão logo me tornei o marido de alguém, o único responsável por mim mesmo e corresponsável por uma mulher carente e dominadora, essas preocupações passaram a me atormentar. Era estranho me sentir tão proximamente vinculado a uma pessoa.

Na minha cabeça eu elaborava uma lista de situações que precisaria encarar quando chegasse o dia: imposto de renda, prestações do apartamento, cotas condominiais, dívidas galopantes, um exército de dependentes, a administração da Firma. Durante o dia evitava estes pensamentos. Aproveitava meu tempo livre, as horas de ócio quando a esposa trabalhadora estava ausente, para entrar em canais de bate-papo na internet, ler romances e assistir a programas esportivos. Sobretudo, fingia a mim mesmo ter a autoconfiança e o talento suficientes para concluir uma tese de doutorado. Também me entupia de coca-cola, meu gesto favorito de rebeldia suicida. Sinto falta desse tempo, do gosto doce e suave da evasão, do toque áspero e borbulhante da felicidade no palato.

De noite a esposa apagava, e eu ficava sozinho no cenário da minha guerra civil: o travesseiro no chão, o lençol enrolado nas pernas, a barriga coçando pelo contato com os gomos do colchão cheio de ácaros, a sensação de não estar preparado para a vida. Tudo era um grande esforço, o esforço para não pensar em nada, o esforço para pegar no sono, o esforço para não me fazer a mesma pergunta por horas e horas.

Uma gritaria boçal infestava a minha caixa craniana. Uma algazarra sem sentido. Imposto, dívida, Firma, agregados, prestações, esposa bufando, pressão a 16 por 9 e glicose a 120. Antecipava o telefonema inevitável, e me perguntava quem daria a notícia.
Como vai ser depois que o meu pai? Que vai ser de mim quando ele?

18 de agosto

Como tenho feito todas as noites, depois de conversar com a Hanna pelo telefone, abro um livro e uma garrafa de vinho e, afundado na poltrona da sala, me alieno por completo da realidade exterior. Já estou levemente embriagado quando encontro esta passagem de *A invenção da solidão*, sublinhada na primeira leitura —

> *quando o pai morre, escreve ele, o filho se torna seu próprio pai e seu próprio filho. Olha para seu filho e vê a si mesmo no rosto do menino. Imagina o que o garoto vê enquanto olha para ele, e descobre a si mesmo se transformando em seu próprio pai.*

—, e a passagem me faz pensar na falta, na ausência em minha vida, que é o filho ou a filha. Enquanto eu não for o pai de alguém, nunca vou conseguir, realmente, me colocar na posição do meu pai, e alcançar em relação a ele uma sólida empatia. Enquanto não for o pai de alguém, não vou ser capaz de fabular os pensamentos do meu pai, de reconstruir o que ele pensava enquanto dirigia em silêncio, todas as manhãs, ao me levar para a escola. Enquanto eu não for o pai de alguém, a paternidade será esse grande mistério. Me vem à mente uma música pop bastante conhecida, que ponho para tocar enquanto arranco umas últimas gotas de vinho da garrafa quase vazia. *Se o meu filho nem nasceu eu ainda sou o filho.* Enquanto eu não for o pai de alguém, penso, escutando a canção, enquanto não enxergar a mim mesmo no rosto de uma criança, nunca conseguirei me transformar no meu pai. Nunca conseguirei ser como ele.

20 de agosto

No fim de *Quase memória*, Cony escreve sobre a sua herança mais importante — a habilidade para se esquivar das memórias devastadoras. A autodefesa como herança. Devo pensar mais nisso.

*

Já me ocorreu conversar com as pessoas que foram próximas do meu pai, e investigar aspectos da vida dele que desconheço. Mas isso está além das minhas forças. Mal consigo pedir à minha mãe que me fale da viagem de Fusca que eles fizeram, no começo dos anos 1970, do Rio de Janeiro até a Patagônia. Vi algumas fotos dessa viagem, e elas eram, na minha infância, o emblema da aventura — mais que as peripécias de Simbad, o marujo, ou os episódios de *Pirata do espaço*. Queria novamente passar os olhos nessas fotos, mas desconheço o paradeiro. Não duvido que tenham se perdido.

*

Eu observava. Como ele construía, no sítio onde passávamos as férias e os finais de semana, engenhocas elétricas para aquecer os bichos no galinheiro. Como ele levantava muros de pedras. Como ergueu, numa imensa tábua de madeira, ocupando a metade da sala, uma cidadezinha para servir de cenário aos seus trenzinhos elétricos — para mim, mais atraentes que qualquer autorama. Como era meticuloso e dedicado no que fazia. Como uma vez ele usou um dos meus carrinhos de plástico para construir uma cadeira de rodas para uma codorna paralítica. Como fiquei triste quando a codorna se afogou depois de capotar no bebedouro do galinheiro. Como ele tinha prazer em criar algo do zero. Coisas sólidas. Como ele fugia da gente indo na nossa direção. Como era fabuloso espioná-lo. Ter um pai para vigiar enquanto ele cumpria as suas funções, enquanto desempenhava o seu papel — poucas coisas, na minha infância, me satisfaziam mais que isso.

21 de agosto

Em *A ilha da infância*, terceiro volume do ciclo *Minha luta*, Karl Ove Knausgård escreve sobre o seu desconforto, quando criança, com a presença física do pai. Como o narrador de *Em busca do tempo perdido*, Karl Ove era um menino nervoso, hipersensível, e os seus receios mais básicos — os barulhos do encanamento, o vento lá fora, pessoas mortas, o uivar das raposas — não passavam de variações de um terror primordial. "Bastava imaginar o meu pai, imaginar que ele existia, para que o medo começasse a tomar conta de mim". Apesar das falhas que atribui a si mesmo como pai, escreve Karl Ove, ele sabe que os seus filhos não possuem receios similares. E isso o reconforta. "Estou vivo, tenho meus próprios filhos e com eles tentei alcançar uma única coisa, a saber, que não tenham medo do próprio pai". No meu caso, o incômodo não se devia ao temor de um castigo físico, ou de uma reação destemperada. O que me fazia mudar de cômodo, me causava mal-estar e, por vezes, um sentimento nauseante, era o silêncio. Durante muito tempo, acreditei que o silêncio era a segunda natureza da existência em família. Quando eu e a Hanna tivermos os nossos filhos — se é que teremos —, vou conversar com eles. Vou falar com eles o tempo todo. Eu terei as minhas faltas e os meus filhos guardarão ressentimentos. Mas não pelo meu silêncio. Eles me odiarão por outras razões. E me sentirei grato por isso.

*

"Quando entro no cômodo onde estão, eles não se encolhem, não desviam o olhar, não tentam escapulir na primeira chance, não, quando olham para mim é simplesmente para registrar a minha presença com certa indiferença, e se existem pessoas que me deixam feliz ao olhar para mim sem me dar muita importância, essas pessoas são os meus filhos" — Karl Ove Knausgård, em *A ilha da infância*.

21 de outubro

Sonhei que a Hanna saía de casa para conhecer novas pessoas. Se dizia exausta. Deitado no sofá, na companhia da cachorrinha branca do meu primeiro casamento, escuto o som da porta sendo trancada por fora.

23 de outubro

Desde que abandonei o ensaio sobre paternidade e guardei no fundo da gaveta o diário de releituras, a minha existência onírica foi bruscamente assaltada pelas mulheres da minha vida — ou a polaridade feminina da minha educação sentimental. Hoje sonhei que tinha uma filha. Estávamos no metrô e, embora ela fosse um bebê de colo, ficava sentadinha em um dos bancos do vagão. É possível que voltássemos da maternidade. Ela sorria para mim, mas de modo zombeteiro, como se me dissesse que aceitava o papel para o qual havia sido designada, mas que a minha companhia não lhe agradava de todo.

24 de outubro

A tarde toda relendo este diário íntimo, pensando na minha aptidão para esquecer o que vivi apenas outro dia. O mês de julho, por exemplo. Tudo o que anotei — e foi um mês em que escrevi bastante — me aparece agora como um bloco compacto. Podiam ser as memórias de outra pessoa. Li Peter Handke, A repetição, para escrever um ensaio acadêmico. Assisti ao mitológico episódio final de Mad Men. A Hanna acreditou, por uma semana, que estava grávida. Me senti frustrado por estar novamente engordando. Reli Os emigrantes. Escrevi sobre as minhas sessões de análise. Elaborei a Teoria dos Miasmas (a psicanálise como escavação que, ao remexer nos pântanos do inconsciente, libera poeira tóxica e vapores venenosos). Enviei um conto antigo para um concurso literário. A Hanna sonhou que transava com o Don Draper, e tive uma crise de ciúmes. Reli Speak, Memory. Escrevi que "sou um combinado da gulodice dos ancestrais libaneses com a histeria da parentela de

Trás-os-Montes". Revi os meus filmes favoritos do Woody Allen. Li pela primeira vez Javier Marías, Todas as almas, e pensei nos mortos da minha família. Imaginei que estava tendo um acidente vascular isquêmico enquanto tentava pegar no sono. Tive cólicas biliares e crises agudas de insônia. Voltei a me medicar diariamente com soníferos. Fui interpelado na rua por um judeu ortodoxo, jovem e de quipá, que me olhou fixamente e perguntou se eu era um cristão-novo. Tudo isso se deu há pouco tempo, mas é como se tivesse acontecido com outra pessoa. De que me serve a anotação minuciosa do cotidiano? Há um lado antiquário, certamente, um traço de historiador, marca de formação. Mas existe outra razão, mais importante. Anotar a minha vida é uma forma de que disponho, quem sabe a mais efetiva, para conter o ímpeto de ir sempre em frente. No dia 25 de julho, escrevi: "fomos condenados, nesta família, ao eterno presente. Nunca recordar o passado, nunca conversar sobre o que vivemos. O passado envolto em uma névoa, como se tivéssemos algo a esconder, alguma falta muito grave".

26 de outubro

Por dois dias consecutivos, a Hanna sonhou que estava num avião prestes a cair. Na primeira noite, ela acordou antes do choque com o solo. Na segunda noite, aconteceu a colisão. Houve mortos e feridos, mas ela se salvava com uns poucos arranhões. Aparentemente eu não estava junto.

23 de agosto

Quando o meu pai estava no hospital, em coma induzido após um acidente vascular isquêmico, eu sentia uma urgência incontrolável de falar com ele. Eu precisava dessa conexão, de *alguma* conexão que, na minha mente, só viria com o uso da palavra ou com um contato físico mais intenso. Estava decidido a cuidar dele. E não me iludia. Haveria tristeza, dor, indignação. Ele nunca aceitaria depender dos outros para realizar as atividades corriqueiras que executou a vida toda, como usar o garfo, caminhar até o banheiro, se limpar sozinho ou expressar verbalmente as suas vontades imediatas. Como acontece com boa parte dos filhos que, durante a doença dos pais, sentem a necessidade de retribuir o cuidado que receberam quando não passavam de recém-nascidos indefesos, haveria momentos em que, à beira da desistência, eu me perguntaria se não teria sido melhor ele não sobreviver. Ainda assim, eu tinha certeza de que o contato físico e o uso da palavra derrubariam o muro implacável que nos separava.

Lendo uma passagem de *Patrimônio*, me veio à mente, como num estalo, a memória desse desejo — o desejo de cuidar do meu pai, de me tornar o pai do meu pai. Na cena a que estou me referindo, o pai de Roth, debilitado por uma biópsia e sem evacuar por quatro dias, não consegue segurar o intestino enquanto se arrasta até o banheiro mais próximo. Ele suja a casa toda, escada, corredor, rodapés, cortina do boxe, e está terrivelmente envergonhado pelo que aconteceu. Mas o filho não só o tranquiliza como, após dar banho no pai, secá-lo com uma toalha e pacientemente esperar que ele durma, realiza o trabalho repulsivo de limpar os seus dejetos corporais. "Você limpa a merda de seu pai porque tem que ser limpa, mas como consequência de tê-la limpado", escreve Roth, "tudo que há ali para sentir é sentido como nunca foi antes".

Sentir o que há para sentir. Sentir como nunca senti antes. Isso durou três semanas. E depois ele morreu.

*

"Então *esse* era o patrimônio. E não porque limpar tudo aquilo fosse simbólico de alguma outra coisa, e sim porque não era, porque era apenas e tão somente a realidade vivida daquilo que era".

"Ali estava meu patrimônio: não era dinheiro, não eram os filatérios, não era a caneca de barba, era a merda" — Philip Roth, em *Patrimônio*.

24 de agosto

(fragmento de um romance abandonado)

O meu pai está nu, a barriga subindo e descendo no ritmo determinado pela máquina, apenas um lençol cobrindo as suas pernas e o seu torso. Ele está dormindo e ronca alto, como se estivesse no sofá de casa, o jornal caído ao seu lado e o cigarro queimando no cinzeiro. Uma expressão, lida tantas vezes em matérias de jornal, vem à minha mente enquanto observo o sobe e desce dos seus pulmões artificialmente conduzidos: respirar com auxílio de aparelhos. Esse barulho sanfonado, ritmado (uma orquestra poderia executar uma peça inteira usando como metrônomo o ir e vir dos pulmões do meu pai), uma pessoa desacordada, nua, à mercê de completos desconhecidos, uma pessoa que já não está disponível para si mesma, mantida viva por uma geringonça que parece compor o cenário de um filme antigo de ficção científica. O nome disso é respirar por aparelhos.

26 de agosto

Ontem reli *Na colônia penal*, num dos dias mais serenos, até agora, do ócio involuntário que já se estende desde junho. A leitura não causou estragos. Ou foi o que imaginei até me deitar. No estado intrigante entre o sono e a vigília, a imagem do oficial prazerosamente amarrado à máquina de tortura me apareceu seguidas vezes, como num delírio febril. E assim passei a madrugada, sem dormir ou sem estar plenamente desperto, e ao me levantar imaginei que essa fixação com o dispositivo kafkiano devia estar relacionada, de alguma forma, aos flagelos diários da escrita.

27 de agosto

O dia todo chafurdando em meus sintomas — a leitura maníaca e a amnésia prodigiosa, a comilança ancestral e a sede equina, a sensação difusa de desamparo e o pressentimento inato de abandono.

28 de agosto

O mais completo ócio. De noite, fiz o que raramente costumo fazer — nada. Apenas olhei para o teto, e tentei recordar um sonho que tive esta manhã, com literatura e um pote de ouro.

29 de agosto

Não sei russo. Mas hoje escutei o Joseph Brodsky lendo *Odisseu a Telêmaco* na sua língua materna. Conheci o poema anos atrás, indicação de um amigo, e por razões obscuras um dos versos, *as ilhas todas se parecem quando já se viaja há tanto tempo*, irrompeu de súbito na minha cabeça, no início da noite, com a lembrança de um sonho que tive com o meu pai seis meses após a sua morte. No sonho ele vinha me visitar enquanto eu dormia, com o dia já claro. Eu sentia a sua presença, mas não conseguia ver o seu rosto. Apenas escutava a sua voz, e era como se ele estivesse amordaçado e grunhisse com desolação. Dias depois voltei a sonhar com o meu pai. Dessa vez foi um sonho bom. Ele estava jovem, magro, tinha os cabelos esvoaçantes como na viagem à Patagônia e era o timoneiro de um pequeno navio.

*

Escuto novamente a voz de Ulisses, corporificada pelo "secretário do invisível". Não distingo uma só palavra da sua carta ao filho, apenas me deixo levar pela oscilação da melodia e pela pulsação do lamento, no metro de quem rasga o oceano em zigue-zague, navegando em círculos como acontece às pessoas perdidas —

*Cresce, Telêmaco meu filho, os deuses,
só eles sabem se nos reveremos.
Não és mais o garoto em frente a quem
contive touros bravos. Viveríamos
juntos os dois, não fosse Palamedes,
que estava, talvez, certo, pois, sem mim,
podes, liberto das paixões de Édipo,
ter sonhos, meu Telêmaco, impolutos.*

22 de novembro

"Isso não está acontecendo" — meu primeiro pensamento, ao acordar.

8 de março de 2016

DO LUTO AO LUTO — Há pouco mais de cem dias, numa madrugada, eu e Hanna assistimos ao episódio final de *Breaking Bad*. Na tarde seguinte, depois de uma discussão trivial que desencadeou uma conversa sisuda, mas sem exaltação de ânimos, decidimos nos separar. Para ser mais exato, ela decidiu. Diante da evidência de que as coisas não caminhavam bem já há algum tempo, não tive muito o que alegar.

Já ela alegou dificuldades de convívio e, em tom de desabafo, mas sem manifestar raiva ou rancor, me disse que, quando estamos juntos, o tempo parece cronometrado, que as minhas compulsões a incomodam profundamente, que trabalho muito e a minha relação obsessiva com a leitura e a escrita causa nela uma ansiedade extrema, que na minha vida é como se tudo tivesse um propósito, que não posso perder um minuto sequer do meu tempo e isso a oprime, que é difícil conviver com essa urgência para alcançar sabe-se lá o quê, que toda a minha vaidade está no intelecto e ela se sente desvalorizada pelo meu desleixo físico. Em linhas gerais, não estava funcionando. Imediatamente percebi que a fala da Hanna era coesa, e que pela primeira vez desde que ficamos juntos ela conseguia dar sentido às suas mágoas latentes e percepções desconexas. O que mais me surpreendeu foi o seu estado de saturação. A julgar pelo tom de voz, firme e tranquilo, a separação era mesmo irreversível.

Enquanto a Hanna alegava, me veio à mente uma frase de Walter White no episódio que assistimos juntos, na madrugada anterior. O câncer voltou, ele foi desmascarado e, prestes a morrer, faz uma última visita a Skyler. W.W. já não se sente abrasadoramente seduzido pelo mal. O seu tom é sereno, um tom de despedida. Skyler percebe essa vibração, e só o que pede ao marido é que ele não insista em dizer que tudo o que fez foi pelo bem da família. É quando W.W. a surpreende — *I did it for me. I liked it. And I was good at it. And I was, really... I was alive.* O que ele fez, fez por si mesmo, para se sentir vivo, porque era o seu desejo e porque achava que devia fazer. Pensei que, numa separação como a nossa, em que um dos lados decide enfrentar a vida sozinho, em vez de permanecer com a pessoa que sinceramente ama, a única alegação possível, a única alegação realmente franca, é este desejo de voltar a se sentir vivo. E, no entanto, é quase impossível encontrar uma formulação simples e honesta como a de W.W., capaz de expressar com tamanha clareza sentimentos potencialmente tão confusos.

Poucos dias depois, ainda no calor das desavenças, recebi um e-mail inesperado. O editor de uma prestigiosa revista de ensaios, com quem eu nunca havia trocado uma palavra, me sugeria, após ler o segundo capítulo do diário de releituras, o envio de algum material para uma possível publicação. Imediatamente pensei nas notas para o ensaio sobre paternidade, que eu havia abandonado meses antes. Fiquei animado, aceitei de pronto. Só não contava, naqueles dias iniciais de tristeza e de euforia, ilusoriamente vividos como o fim de um cativeiro e como a negação absoluta da perda recente, só não podia contar com a minha crescente devastação nos meses seguintes. Relendo as anotações do meu diário íntimo, vejo que passei os últimos cem dias aprisionado em um discurso de autocomiseração, só interrompido por bebedeiras pantagruélicas e por prazeres voláteis. Em retrospectiva — já escrevi sobre a minha incrível aptidão para esquecer o que fiz apenas outro dia —, não sei como consegui, num estado de ânimo que oscilava entre o catatônico e o enfurecido, cumprir as tarefas rotineiras de um semestre letivo que nunca chegava ao fim. Sobretudo, mal sei dizer como encontrei energia para voltar às minhas anotações e transcrever, no processador de textos, o que havia registrado meses antes no meu caderno, e depois imprimir e reler e rabiscar e reescrever, à mão, o que eu já tinha escrito dezenas de vezes, para então transcrever novamente no processador de textos e, no dia seguinte, recomeçar tudo do zero. Pode ter sido o gozo do ritual, ou a ânsia de estipular marcadores fixos em meio a um cotidiano desregrado, mas foi essa repetição o que me permitiu não submergir por inteiro à apatia ou à cólera.

Quando enfim recuperei a capacidade de me interessar pela leitura, retornei, mais uma vez, à segunda parte de *A invenção da solidão* — um adulto trancado em seu apartamento, sozinho com a sua tristeza, vivendo simultaneamente dois lutos, pela separação da mulher e pela morte do pai. Ao rever as minhas notas e prepará-las para publicação, ao passá-las para o computador e transladá-las de volta ao caderno, era como se eu fizesse, em relação ao meu pai, um segundo trabalho de luto. Eu simplesmente o resgatava do limbo para onde o mandei sete anos atrás, na tentativa de ir em frente, de seguir com a minha vida. Era como se pedisse a sua ajuda, ou talvez o seu colo, para, junto dele, dar sentido a essa nova perda. Tudo o que senti sete anos atrás sinto de novo agora — desolação, abandono, desamparo, o sentimento asfixiante de estar sozinho, a "tristeza nauseante" e a "náusea do irremediável", como escreveu certa vez Roland Barthes numa das suas fichas. As duas tristezas são uma coisa só.

Outro costume que adquiri nos últimos tempos foi o de rever *Breaking Bad*, sempre de madrugada e independentemente do que tivesse feito ao longo do dia — dar aula, ficar deitado no sofá, me embebedar com os amigos ou conhecer pessoas aleatórias de um aplicativo de encontros. O que custei a perceber é que se tratava de mais um ritual de luto, e que por meio dele eu esticava desesperadamente, até o limite do possível, a permanência da Hanna nesta casa. No domingo, já com a plena consciência do que estava fazendo, assisti, pela segunda vez em pouco mais de cem dias, ao episódio final de *Breaking Bad*. E ao anotar no meu caderninho a fala de W.W. sobre as reais justificativas para fazer o que fez, pensei na Hanna e em suas alegações. Apenas para constatar que tudo de que ela havia se queixado no dia da nossa separação, os traços da minha personalidade apontados como difíceis de tolerar no convívio cotidiano, são marcas de um vínculo muito estreito que mantenho com o meu pai. Ele nunca foi para o limbo. Sempre esteve aqui. Eu sou ele. Eu sou a minha própria herança.

*

Duas semanas atrás, recebi um comunicado do editor. Após diversas prorrogações, ele precisava do texto para fechar a revista. Tenho até este domingo. Achei que não cumpriria o prazo, mas, aproveitando as férias que finalmente começaram (a Hanna apontaria a escolha do verbo "aproveitar" em referência a um assunto de trabalho), e desistindo de virar pelo avesso as mesmas frases de sempre, para enfim avançar na transcrição mais ou menos literal do caderno (o que nunca faria, não fosse o ultimato), consegui, no exato dia do nascimento do meu pai, atribuir um ponto final ao ensaio. Não saberia dizer onde termina a coincidência e onde começa o artifício. E tampouco me importa. Fui levado a tudo isso pela dinâmica das coisas do mundo, pelo movimento inexplicável das circunstâncias da vida — com as suas rupturas e continuidades, as suas montanhas e planícies, os seus círculos e as suas linhas.

O CANTO DA SEREIA

No amor, só gozamos da ilusão que criamos.
Stendhal

Quarta, 25 de maio de 2016

Toda terça eu dou aula à noite, e acabo dormindo tarde. É que depois de passar várias horas falando alto e andando de um lado a outro, numa absorção extrema, fico tão elétrico, me sinto tão disperso que o sono custa a vir. Se tento ler, a concentração me foge. Escrever é impossível. Nessas madrugadas insones, aceito a minha completa indisponibilidade para mim mesmo.

Mas ontem queria escrever um e-mail. No fim de semana li o manuscrito do primeiro romance do Ângelo, *A natureza das coisas*, um calhamaço de quatrocentas páginas. Gostei muito, me comovi. Queria dizer isso a ele. Depois de esboçar e apagar parágrafos inteiros, sem ser capaz de expressar alguma verdade sobre a minha leitura, acabei desistindo. Salvei o rascunho, abri uma cerveja, notei que o celular estava piscando. Peguei o aparelho e por quase três horas troquei mensagens com uma amiga que mora em outro estado. Essas conversas sequestram o meu dia, poluem as suas melhores horas. Mas não vejo como resistir. Há algo de estimulante, quase um vício, nessa estranha forma de convivência: em todo o comércio verbal com essa amiga, que às vezes se arrasta pelo dia inteiro, jamais me preocupo se estou sendo eu mesmo, se escolho as palavras certas. As frases simplesmente correm soltas, irrefletidas.

Quando retomei o e-mail, já estava bêbado. E quase eufórico. Mesmo assim, não encontrava o que dizer. Muito estranho esse bloqueio, pensei. Até bem pouco tempo, o hábito de escrever longas cartas ocupava um espaço importante na minha rotina. Era o caso das conversas com o Jonas, ele ainda no Sul, nenhum outro assunto a não ser literatura. Ou com o Antonio, após a morte do seu pai. A mais duradoura dessas correspondências, no entanto, foi a que mantive com a Hanna. E também a mais significativa. Às vezes brincando, às vezes seriamente, falávamos em escrever, juntos, um romance epistolar. Não fomos adiante, é claro, mas, na novela que publicou já faz quase dez anos, ela se serviu, aqui e ali, de trechos das nossas conversas. A correspondência era o nosso esconderijo, a água-furtada no topo do prédio, a edícula dos fundos, um antídoto contra os venenos da domesticidade. Ali nos moldávamos juntos, por escrito. Nos transformávamos em outros e ao mesmo tempo nos convertíamos um no outro. Fomos nos assemelhando na maneira de pensar, na forma de expressão, sempre imunes às veleidades da autoria. Quem disse isso? Esta frase é minha ou é sua? Não importava. Construímos uma pequena metafísica.

Depois de ler e reler os e-mails da Hanna, eu os apagava. A inominável tinha a senha do meu endereço eletrônico, e mais de uma vez havia me recriminado pela amizade suspeita com a ruiva da internet. Mas a Hanna arquivou tudo. Talvez por nostalgia, quando fomos morar juntos, ela adquiriu o costume de reler a nossa correspondência — e sempre me encaminhava os melhores achados. Como o *Elogio de Hanna Machtynger*, que escrevi nos dias turbulentos da minha primeira separação.[1] Petrificados, inacessíveis, penso nestes e-mails como vestígios de uma civilização extinta. Ou profecias intraduzíveis numa língua morta. Mas não sei bem o que quero dizer com isso.

Sem nada para fazer e me recusando a dormir, decido escrever para a Hanna (não nos vemos desde a separação). Digo a ela que estou tra-

---

1. O e-mail: "Aqui estamos, Hanna. De volta ao nosso habitat, ao universo paralelo que criamos com as palavras. No *Elogio de Helena*, Górgias, o sofista, dá a entender que o *logos* institui o real. Que Helena se deixou seduzir pelo discurso poderosíssimo dos seus raptores. Que a palavra detém o medo e afasta a dor,

çando uma nova releitura, e peço um favor: tem como você vasculhar, no seu gmail, as nossas mensagens da época de *Ruído branco*, quando criamos aquele blog fajuto, o *dondelillo*? Minutos depois ela responde — eu sabia que estaria acordada — com dois ou três e-mails de 2007. Não chego a abrir. Passamos para o aplicativo do celular, "como você está?", "estou bem e você?", "o marasmo de sempre", "uma hora as coisas vão melhorar", "como você pode ter certeza?" Em parte para me desviar das suas queixas, quem sabe por mera bisbilhotice, pergunto se ela está trabalhando em um novo livro. Sim, está. Fico contente, sinto uma pontada de inveja. É possível que a literatura seja, para a Hanna, a única porta de saída na fortaleza impenetrável de si mesma. Cogito dizer isso a ela, mas percebo que me aproprio, e num sentido inverso, da metáfora de Henry James — a ficção como uma casa de infinitas janelas. Para uma pessoa como a Hanna, a ficção nunca será a vista panorâmica do alto de uma torre, e sim uma saída de incêndio, um túnel estreito, aberto com as colherezinhas da sua angústia. Pergunto como vai se chamar. *O vespeiro*, ela diz. "Queria que você lesse, mas temo a

provoca a alegria e incita a compaixão. Não sei. Não acho que a palavra altere a natureza das coisas. É possível que Górgias tenha se equivocado.

Vou dar um exemplo. Pense nos últimos doze anos, eu e você habitando este lugar impreciso, que na década de 1990 os filósofos chamavam de ciberespaço — narradores da própria vida e leitores privilegiados um do outro. Quanto tempo mais poderíamos seguir aqui? Talvez para sempre. Mas vamos contrastar esses doze anos com os últimos doze dias (foram doze? Não sei dizer... mas gosto do artifício, do paralelismo, confere dramaticidade e urgência ao que quero expressar). Tudo o que era constante, e estava sedimentado nas nossas vidas como se fosse uma camada geológica, agora mudou de figura. Leia o que Montaigne escreveu quinhentos anos atrás:

> Os outros formam o homem; eu o descrevo, e reproduzo um homem particular muito mal formado e o qual, se eu tivesse de moldar novamente, em verdade faria muito diferente do que é. Mas agora está feito. O mundo não é mais que um perene movimento. A própria constância não é outra coisa senão um movimento mais lânguido. Não consigo fixar meu objeto. Ele vai confuso e cambaleante, com uma embriaguez natural. Tomo-o nesse ponto, como ele é

sua reação". Concordo que é um tema delicado — as experiências eróticas de uma mulher recém-separada, o frenesi da novidade, os aplicativos de encontros. No momento ela atravessa um impasse criativo: está em celibato desde que começou a trabalhar no romance, e isso limita o material, impõe um desfecho à narrativa. Sem novos incidentes a trama vai afrouxar. Sinto ciúme, a conversa me angustia. Digo que ela precisa fazer uma escolha, escrever ou viver. As duas coisas, ao mesmo tempo, é impossível.

Vou me deitar pensando na sublimação — a energia erótica deslocada para fins não propriamente sexuais. É algo que nunca consegui, ou nunca quis fazer. Preciso de tudo no aqui e agora, me afogar no instante, a carne e o espírito se devorando mutuamente, competindo entre si. Me vem à mente a frase de Flaubert, numa carta a Louise Colet: "você me diz que as ideias voluptuosas não te atormentam mais. Eu tenho a mesma confidência a te fazer, porque confesso que não tenho mais sexo, graças a Deus. Eu o recuperarei se for preciso e isso basta". E a Ernest Feydeau: "mas tome cuidado para não afogar a sua inteligência

> *no instante em que dele me ocupo. Não retrato o ser, retrato a passagem. Se minha alma pudesse firmar-se, eu não me ensaiaria: decidir-me-ia; ela está sempre em aprendizagem e em prova. Exponho uma vida vulgar e sem brilho; isso não importa. Ligamos toda a filosofia moral tão bem a uma vida comum e privada quanto a uma vida de mais rico estofo: cada homem porta em si a forma integral da condição humana.*

E se a minha alma (ou a sua) pudesse se firmar? Escrevemos nos últimos doze anos a passagem de dois, vivemos a vida de dois. *Narramos* a vida de dois, a ponto de elas se confundirem numa só, num mesmo relato — até pelo meu divórcio você está passando como se fosse o seu. Só que agora tudo mudou. Já não consigo viver por escrito. Lembra do que te disse certa vez? "Não existe achocolatado, Hanna. Existe Nescau". Nescau, amor. É preciso dar nome às coisas do mundo.

Nos encontramos cinco vezes nos últimos dias. E o que mudou? Tudo. Agora conheço a sua voz, não apenas o seu estilo. Sua beleza se tornou mais concreta: a sobrancelha fina, quase uma penugem imperceptível; o riso infantil ao receber um elogio; os lábios brancos de tão rosados; o cheiro do seu cabelo, que ainda não identifiquei por desconhecer os cheiros do mundo. Esses traços passaram a no comércio das damas. Você perderá seu gênio no fundo de um útero... Reserve seu priapismo para o estilo, trepe com seu tinteiro, vá com calma com a carne". *O vespeiro...* Gosto do título. Já com a luz apagada, pronto para dormir, imagino a leitura do romance. Sinto fisgadas de terror e de prazer, e um entusiasmo infantil, quase perverso, ao vasculhar os detalhes íntimos da protagonista em sua vida nova — e assim vou desfiando invenções e escovando o texto a contrapelo, tudo isso para tentar agarrar, no reverso da ficção, a realidade em estado bruto. Sei que não vou dormir, mesmo já tendo me dopado com o sonífero. Me levanto, acendo a luz, abro outra cerveja. Ligo o computador e escrevo para o Ângelo numa só golfada: "de certo modo, todo mundo (eu, pelo menos) acreditava que um belo dia você fosse aparecer com um romance infinito, escrito na surdina, resolvendo tudo, explicando como a vida funciona e o que viemos fazer aqui. Só não imaginava ser possível reescrever Lucrécio nos dias de hoje, e conceber um livro sobre átomos com um fundo moral, deliberadamente anacrônico, lento e digressivo, e ainda assim envolvente, fazendo Tchekhov encontrar com

compor a imagem mental que tenho de você. Sua atenção comigo. O chocolate que você comprou no posto de gasolina. O livro do Salinger. Todo o cuidado nesses dias difíceis. Este e-mail é definitivamente um elogio.

Se eu pudesse, pararia o mundo para te dar tempo. Para te mostrar que, comigo, você se sentiria em casa (somos um lugar, eu acho, ou um paradeiro). Mas a constância é movimento, não é o que disse Montaigne? Não posso acreditar nas minhas promessas de estabilidade. E você também não deveria. *There's nothing that keeps its promise.* Só posso prometer o hoje. A passagem, não o ser. Definir a minha separação, alugar um apartamento em Copacabana. Fazer a barba. Esperar uma recaída sua. Aguardar que as coisas fiquem naturais a ponto de se tornarem inevitáveis. Mas apesar de certas simetrias (somos autores de livros invisíveis que custam quarenta reais), nossas vidas são antagônicas. Vivemos em temporalidades opostas. Você não tem pressa. Esteve no fundo do poço e valoriza a sanidade e o bem-estar. Nada ficará em risco, não mais, não depois de tanta renúncia. Já eu, sinto que vou morrer jovem, que a hora é essa e o tempo é hoje. Mas acontece que não sei esperar. Não sei conviver com o choro da minha avó, com o abatimento das minhas cachorras. Não sei decepcionar as pessoas. Não posso permitir que alguém sofra por *mim*, percebe? Não estou preparado para as *consequências* dos meus atos. Meu mundo está cheio de consequências, Hanna.

Dickens, Tolstoi com Munro, Carver com Jane Austen, Epicuro com Jesus Cristo". Zonzo feito um pugilista veterano no round final da vida, envio o e-mail sem reler o que escrevi. Pelas frestas da cortina, reparo que a noite vai mudando de cor.

26 de maio

"E aí, como está a vida de casado sem acesso à internet? Visitando a sogra e a irmã e a vizinha? Jogando buraco com a sua avó? Passando meia hora na fila das Lojas Americanas porque o chocotone está em promoção? Fazendo muito sexo adequado? Vendo sessão da tarde com um balde de pipoca no colo e um Sprite na mesinha de centro? Chamando casais de amigos para um jantarzinho civilizado? Estou encantada com *Ruído branco*. É o nosso humor, Stephen. O que Don DeLillo fez foi reunir os nossos e-mails e transformar num romance, certo? Aliás, o narrador se parece com você. Diria mesmo que o narrador *é* você".

27 de maio

Cento e sessenta páginas em dois dias.

Já o seu mundo é como o seu apartamento: pequenino, fofo, mignon. Seu mundo, desde que você tome a dose certa de medicação, é leve e aconchegante. Comigo não é assim. A medicação só me levaria para baixo e para baixo. Sou um provedor (é o que me tornei com a morte do meu pai). Tenho que prover recursos, liquidar prestações imobiliárias, proferir lições consistentes, instruir a juventude, escrever pareceres e artigos bem fundamentados. Até amor eu tenho que prover. Meu mundo é pesadão, lento. Meu mundo sofre de obesidade mórbida. Meu mundo esmagaria o seu.

Me encantou conhecer o seu modo natural — a Hanna que caminha por Botafogo, bebe água mineral gasosa e vai para o curso de francês de blusinha polo transadinha. Os últimos dias foram memoráveis, Hanna. Imprima este e-mail. Mande emoldurar, mostre aos seus netos. Eu já não estarei aqui. Seus e-mails retornarão. Enquanto isso, vou escrever textos eruditos, darei aulas que serão elogiadas mas rapidamente esquecidas, serei pai de crianças que dificilmente terão alguma saúde psíquica. "Uma vida vulgar e sem brilho".

28 de maio

O que encontramos em *Ruído branco*? Numa ficção distópica e hiper-realista. Num romance sobre o "mistério americano" e os ícones da sociedade de consumo ("onde vocês estavam quando morreu James Dean?"). Sobre as patologias de uma nação ("aqui não morremos, fazemos compras"). Sobre os anos oitenta e as neuroses da década — a ameaça nuclear, a televisão como nova ágora, o capitalismo tardio em suas cores berrantes. O que nos capturou não foi nada disso, mas a linguagem: a convergência de Flaubert com o pós-moderno, os diálogos beckettianos, a estetização da realidade, o *nonsense*, o cinismo. O estilo de Don DeLillo — um repertório picaresco de obsessões e anomalias.

29 de maio

Fisionomias delilleanas (1) — "O senhorio era um homenzinho corado, tão robusto e saudável que parecia estar tendo um enfarto naquele instante".

É possível que este elogio de Hanna Machtynger não passe de um elogio do nosso habitat: "o *logos* é um senhor soberano que, com um corpo diminuto e quase imperceptível leva a cabo ações divinas". Górgias estava certo, afinal. As pessoas deveriam tomar conhecimento do que fomos capazes, não acha? (o mais provável é que elas sintam pena da gente). Eis o nosso legado para a posteridade: "há histórias magníficas de boicotes a si mesmo". Me mostre este e-mail quando eu ficar velho e doente, vamos combinar assim? "Ei, lembra disso? Você já foi capaz, um dia". Enquanto isso, cada um no próprio canto, podemos alcançar alguma tranquilidade com pessoas que parecem razoavelmente satisfeitas com a nossa companhia. Seu mundo seguirá gracioso. O meu, pesadão. A constância, Hanna. É possível que fique um gosto ruim, o sentimento de que o momento oportuno escapou entre os dedos. Não sei se serve de consolo, mas sempre teremos este universo feito só de palavras. Sempre teremos o *logos*. O que me entristece, me revolta até, é que muitos outros tiveram Paris.

*

Jack Gladney e a invenção de um campo de estudo, a hitlerologia. Murray J. Sisskind e os *Elvis studies*. O "cabelo importante" de Babette. A crença de que há "algo de sinistro no pôr do sol moderno". A família como "o berço das informações falsas do mundo". A "ossatura formidável" de Janet. O sono como um "estado submarino, uma consciência de caranguejo das regiões abissais". Noites de "neve onírica". "O vazio, a sensação de escuridão cósmica". "MasterCard, Visa, American Express".

*

A etnografia dos supermercados, por Murray J. Sisskind — "este lugar recarrega a pessoa espiritualmente, é uma preparação, um portão ou um caminho. Veja como é luminoso. Está cheio de dados psíquicos".

*

A mística de Elvis, por Murray J. Sisskind — "Elvis cumpriu as cláusulas do contrato. Excesso, deterioração, autodestruição, comportamento grotesco, uma série de autoagressões dirigidas ao cérebro. Sua posição enquanto lenda está garantida".

*

Murray J. Sisskind lecionando "desastres no cinema". Murray J. Sisskind assistindo tevê "até altas horas da madrugada, prestando atenção, tomando notas". Murray J. Sisskind e a fórmula — "antes ele do que eu".

*

(quais serão as cláusulas do meu contrato?)

*

Fisionomias delilleanas (2) — "O homem tinha um pescoço fino e orelhas de abano, que casavam com seu crânio escaveirado — aquela aparência inocente de assassino rural de antes da guerra".

*

"O sistema havia abençoado a minha vida" — Jack Gladney, o narrador de *Ruído branco*.

30 de maio

Aos trinta dias do mês de maio de dois mil e dezesseis, às quatorze horas, reuniu-se a banca composta pelos professores Ângelo Campus e Jonas Mann, e presidida por mim, na condição de orientador, para arguir a dissertação de mestrado de X, intitulada *Apocalipse e distopia em Don DeLillo e Cormarc McCarthy*. Motivado por uma nota de rodapé de caráter filológico, o professor Mann discorreu sobre a confluência entre prática médica e exercícios espirituais no mundo antigo. A palavra distopia vem dos gregos, assegurou o professor Mann, e era usada em referência à posição anômala de um órgão no corpo humano, seja por acidente ou causas naturais. Foi com Hipócrates e a sua teoria do deslocamento da matriz que a palavra distopia se afastou do uso empírico, mas o que era a empiria entre os gregos?, indagou o professor Mann com os olhos injetados de sangue. O alvoroço do órgão matriz era visto pelos filósofos-médicos como a metonímia da condição feminina: uma espécie de mau lugar, distopia, em que o útero, um selvagem errante, comprimia em seu devir-úmido o estômago e também o coração, por fim os pulmões, causando asfixia e convulsões terríveis. A teoria foi desmentida por Galeno, o mais insigne esculápio latino e brilhante anatomista, mas a condição feminina seguiu atrelada, na tradição ocidental, a um deslocamento constitutivo. Isso podemos comprovar na história da Filosofia, pois a Filosofia é mulher, atestou o professor Mann, assim como a Poesia, e sua história é o relato de uma errância, o Ser vagando no exílio e alcançando terras altas, onde o ar é rarefeito e sufocamos com a visão da coisa mesma. O professor Campus se manteve contemplativo durante a fala do professor Mann, como se observasse com uma luneta os movimentos retrógados do asteroide Quíron. Mais curta e nem por isso menos desviante, a sua fala tratou da fisionomia apocalíptica das distopias recentes. Partindo das formas da profecia no frei Savonarola e em Maurice Blanchot, o professor Campus defendeu que os prognósticos racionais de futuro já não importam, hoje, como importaram a Orwell e Huxley. São as imagens do fim dos tempos as que povoam a atual imaginação literária. E isso já estava no livro de Jó. "Jó foi o único dos escritores bíblicos", leu o professor Campus com a voz embargada, "a articular uma visão do sofrimento humano e injustificado da disjunção moral entre homens e Deus". Disjunção esta que está na base do nosso sistema moral, assegurou o professor Campos. Daí que os narradores distópicos sejam como cicerones que nos guiam por uma paisagem desconhecida. Reparem que o ponto de vista é sempre o do morto (tudo é igual ao mundo dos vivos, só um pouco diferente). Então o professor Campus mencionou a atração de todos os profetas pelo deserto. E a revolta de Murray J. Sisskind contra a falsa seriedade de Deus. Após um silêncio lacerante, preenchido apenas pelo gorgolejo dos pombos, o professor Mann pediu a palavra. Tudo o que foi dito evoca a fórmula de Murray, ele sussurrou. *Antes ele do que eu*, ou o medo da morte revertido em alívio por não ser o morto em questão, ou o Ser voltando do exílio e reencontrando a sua verdade primeira: o egoísmo. Nada mais havendo a tratar, nem quem quisesse fazer uso da palavra, encerrei a reunião, da qual foi lavrada a presente ata, que será assinada por mim e por todos aqueles que assim o desejarem testemunhar.

6 de junho

Hoje faço 39 anos. O dia inteiro respondendo mensagens (minha amiga me deu de presente uma carta de Flaubert). Agora à noite, fuçando o diário íntimo e revivendo o ano astrológico, me veio a suspeita de que, exceção feita à morte, já ultrapassei os fatos significativos da vida. O súbito reconhecimento de não ter alcançado o meio do caminho. Ou de ter passado por ele sem sequer me dar conta.

*

"Como você pode me censurar a frase *eu gostaria de nunca ter te conhecido*? Não conheço outra mais afetuosa" — Flaubert a Louise Colet.

7 de junho

"Ontem fiz uma reuniãozinha", registrei um ano atrás. "Bebemos muito, falamos sobre a política brasileira, sobre a universidade brasileira. Assuntos que entediam a Hanna. Também falamos de literatura e vida, e nessa hora ela foi bem eloquente. Hoje cedo limpei a sujeira, mas não estava exultante com a minha ressaca, como em outras vezes. Por exemplo, em 2011, na inauguração do apartamento. Ali eu celebrava uma guinada improvável, recebendo amigos de quem tinha me afastado quando me mudei para um fim de mundo (o Recreio dos Bandeirantes). A Hanna escrevia o segundo romance (que não seria publicado). Todos os dias me mandava num e-mail as páginas ainda frescas, sem edição. Eu achava tudo genial (é possível que ainda ache). Tomei um porre de Xingu e dormi abraçado à privada".

8 de junho

O diário de um ano ruim. Diário do ano da peste. Diário do ano do golpe.

9 de junho

O dia em que a Hanna leu *A coisa real*, meu ensaio sobre *O teatro de Sabbath*, e disse se tratar de uma declaração de amor. Como reagiu, nas semanas seguintes, como se eu tivesse redigido uma declaração de guerra.

10 de junho

Os cadernos da minha mãe — entulhados com fotos, letras de música, máximas e aforismos, recortes de jornal, exercícios de caligrafia, entradas de diário, cartas de amor, poemas soturnos, versículos bíblicos, rabiscos e garatujas, desenhos de bruxas queimando na fogueira, parágrafos luxuriantes copiados de romances torpes, trechos herméticos de livros de ocultismo.

11 de junho

Os primeiros anos neste apartamento. As madrugadas com a Hanna, bebendo vinho, ouvindo música, passando a vida a limpo em frenéticas narrativas noturnas. Ela seria escritora. Eu, crítico. Tudo parecia convergir, enfim, para uma improvável quietude. Os nomes dos nossos filhos.

*

"Nestas narrativas noturnas, criamos um espaço entre as coisas como as sentíamos na época e tais como delas falamos agora. É o espaço reservado para a ironia, a piedade e um humor generoso, os métodos através dos quais nos libertamos do passado" — Jack Gladney, o narrador, sobre as noites em claro com Babette, a do cabelo importante.

12 de junho

O ano ruim começou em 2013. Começou em Nova York. O ano ruim como distopia. "Isso não está acontecendo".

DIÁRIO AMERICANO *(fragmentos)*

6 de setembro de 2013

Sonhei que um velho bíblico, de barba branca e cabelos desgrenhados, vestido como um figurante de filme do Cecil B. DeMille, me guiava pelo deserto. Meus passos vacilam, o sol me queima os olhos. Perco o velho de vista. Ele é agora um ponto trêmulo e se funde ao horizonte, mas deixou um rastro na areia — um fiozinho castanho-avermelhado, humor já velho e endurecido, que pode ser mel ou o líquido viscoso que corre nas baratas.

*

No avião. Coceira, pele ressecada, turbulências. Lendo Fuga sem fim, *do Joseph Roth. A aflição difusa da Hanna — a viagem inteira com os olhos fixos no monitor, o canal exibindo o mapa da viagem.*

7 de setembro

Cochilo à tarde, desespero ao acordar. O que vim fazer na América?

8 de setembro

O apartamento é bom, a localização é boa. Uma amiga ricaça da irmã da Hanna nos deixou ficar aqui por uns dias, até encontrarmos um lugar "definitivo" (arrepios).

9 de setembro

Se nada der certo, abandono o pós-doutorado e viro ajudante de garçom num restaurante tailandês. Podemos alugar um porão no Bronx e morar lá. Vim aqui para ter tempo, e agora que tenho todo o tempo que quis, não sei o que fazer com ele.

10 de setembro

Calor, tempo seco, coceira em todo o corpo. Não me sinto realizando um "grande sonho". Não me sinto realizando coisa alguma. Não vim aqui para "realizar". Vim aqui para estar aqui. Estar aqui é o objetivo.

*

Hanna se inscreveu num curso de cultura americana para spouses and partners. Ela chama de "curso de mozão". Não há muito que explorar, ainda, em relação à minha subjetividade. Mais cedo compramos dois telefones celulares e ativamos a conta — o dia se resumiu a isso.

11 de setembro

September eleven. Primeiro dia na NYU, primeira aula no curso do supervisor (casos clínicos de Freud). Puxei conversa com um visiting scholar chinês, o Professor Liu, mas não conseguimos nos entender. Seu inglês é ainda mais estropiado que o meu — e isso me deixou embaraçosamente satisfeito.

*

Os estudantes são ótimos, compenetrados, cultos, elaboram longas perguntas e são proficientes em pelo menos três idiomas. Notebooks reluzentes ao redor da mesa, todos da Apple. Demonstrações exasperantes da ânsia de se tornar alguém.

12 de setembro

A Hanna rasgou a cortina da ricaça. Passamos o dia emburrados, sentindo muito calor. Ela se diz arrependida de ter vindo para cá. Seria importante ficarmos bem.

13 de setembro

Primeira reunião com o supervisor, um almoço. Não consegui explicar à garçonete como preferia o meu tuna *— o vocabulário das aulas de inglês, na lição "como pedir o seu bife", me escapou por completo, talvez por nervosismo. Impaciente com a hesitação, ela tratou de me induzir:* rare? *Sem saber se o meu* tuna *viria cru ou esturricado, agradeci a gentileza.*

*

It's a great group!, *o supervisor disse num tom efusivo, afetando um coleguismo que me pareceu forçado. Talvez ele sentisse certo desconforto por estar ali comigo, e então carregou as tintas na empatia. Ele é alto, careca, musculoso, mais se parece com um jogador de* rugby *que com um professor universitário de letras. Não deve ter cinquenta anos. Foi aluno da Judith Butler, do Said e da Spivak. O que estou querendo provar, e a quem?*

14 de setembro

Almoçamos macarrão com almôndegas numa bodega que lembra a Parmê da Afonso Pena. Preço extorsivo. Mais tarde, no Starbucks, um funcionário nos ofereceu uma bebida. Era uma cortesia da loja, amostra grátis de um novo produto, uma espécie de café gelado. Mas não soubemos decodificar a oferta. Assustados como crianças interpeladas na rua por um desconhecido de olhar sinistro, fizemos que não com a cabeça e fugimos. Só mais tarde fomos entender.

*

Temperatura estranha. Numas horas faz calor, noutras faz frio, às vezes as duas coisas ao mesmo tempo. Me sinto oleoso. É como se

a minha pele estivesse inflamada, e fosse se descolar de mim. São
11:54 da noite. Amanhã vamos fazer turismo.

15 de setembro

Mais cedo, no MET, um quadro de Manet. Um homem e uma mulher velejando, ele todo de branco, o bigodinho ruivo, chapéu panamá envolto por uma fitinha azul, como os da velha guarda da Portela. Ela está reclinada e toma sol. Os músculos do homem estão retesados, ele parece aflito. Toda a cena evoca demandas de virilidade — ele é responsável pelo barco, é responsável pela mulher, é responsável por fisgar os peixes e empilhá-los num canto. Já ela aproveita a brisa e não sente calor naquela roupa pesada, felpuda. É bonito o contraste entre a madeira escura do barquinho, quase gasta, e o azul claro e tranquilo do mar.

*

Hostilidade em todo canto. Nas pessoas que não te cumprimentam no elevador. Nas pessoas que te cumprimentam de um jeito falsamente efusivo. No modo como somos expulsos da farmácia quando dá o horário de fechamento. Na minha eterna cara de idiota. Faltam nove meses, dois dias e um longo inverno. Cada vez que escuto um imigrante fluente no idioma que nunca vou dominar, fluente de uma maneira toda própria, com seus erres guturais e seus pês salientes, quando interajo com essas pessoas e sou tratado com impaciência, ou com desprezo, penso em como deve ter sido duro, para elas, assimilar a mesma agressividade que agora voltam contra mim, com automatismo e certo prazer sádico. A verdade é que não tenho gana para estar aqui. Me coço o dia todo e isso me proporciona um prazer inconcebível. É possível que eu esteja com sarna.

16 de setembro

Primeiro dia na Bobst Library, a biblioteca da NYU. Acesso irrestrito a todos os livros do mundo. Tive um mal-estar intestinal súbito e fui obrigado a conhecer o W.C. da universidade — meu primeiro ato acadêmico na América.

17 de setembro

Me sentindo tranquilo, gostando da cidade. Fui na Strand e comprei dois livros — Diary of a Man in Despair, do Friedrich Reck, e Stoner, do John Williams. Agora tomo um vinho, deitado no sofá, e escrevo neste caderno. Ainda não sei como iniciar a exploração por escrito da minha subjetividade. A Hanna está inquieta, andando de um lado a outro. É evidente a sua frustração pela recusa do romance — ninguém quis publicar o Livro de sonhos e rejeições. Hoje discutimos três vezes, por razões diversas: o conserto da cortina, o acúmulo de roupas sujas e o melhor horário para fazer supermercado. É estranho, mas é como se tivéssemos nos tornado, desde que pisamos aqui, uma só pessoa. Totalmente dependentes. No Brasil cada um lava roupa a hora que quer. Ela também se queixou do tempo que passei na rua, e argumentei que nem sempre vai ser assim. Mas a verdade é que falei por falar. Devo estar só para fazer o que preciso.

18 de setembro

English in action, dia 1. Tinha tudo para ser uma roubada: curso gratuito de conversação, com tutores voluntários, a maioria aposentados ou gente muito idosa. Mas foi interessante, uma espécie de filantropia mútua. Eles nos ajudam com o idioma, nós os ajudamos a passar o tempo. A Hanna deu sorte, caiu num grupo de jovens fluentes e desenvoltos, que moram aqui há alguns anos. Já eu fiz dupla com um japonês recém-chegado, bastante simpático, mas de fala incompreensível, que troca o "r" pelo "l" como o Cebolinha e disse se chamar Yes/No. Diante da minha surpresa, ele tratou de se explicar, com abundância de gestos: o seu nome tinha uma pronúncia vely vely compricated. Era melhor facilitar as coisas. Fiz que sim com a cabeça e passei a aula imaginando o nome que adotaria, se quisesse tornar mais simples a vida dos americanos.

*

Depois do intervalo eu e Hanna fizemos uma dupla. A nossa tutora era uma documentarista judia que, já faz algum tempo, dirigiu um filme sobre cirurgias plásticas nasais. Esbaforida, mostrando pouco traquejo no ofício, a tutora nos perguntou sobre o que queríamos conversar. Loundry!, a Hanna propôs. Imaginando que a discussão não fosse render, a tutora sugeriu um tema mais instigante: vegetables and fruits. Mas a conversa logo tomou outro rumo, quando ela nos perguntou como havíamos nos conhecido. A tutora nunca tinha ouvido falar em MIRC, e custou a entender, provavelmente pela escassez dos nossos recursos linguísticos, que era um programa de bate-papo virtual muito popular nos anos noventa. Só quando a Hanna disse que era escritora ela pareceu realmente interessada no que tínhamos a dizer, e achou hilário que eu tivesse resenhado o romance de estreia da minha futura namorada, tomando o meu gesto como um "plano maquiavélico". Falamos também sobre os nossos primeiros casamentos, e sobre como, antes de ficarmos juntos, eu e Hanna éramos os melhores confidentes um do outro. Intrigada, a tutora quis saber com quem reclamávamos das nossas misérias conjugais, agora que formávamos um casal.

19 de setembro

Um dia normal de exílio. Acordei cedo para ir à palestra oferecida aos visiting scholars portadores de visto J-1. Quinze homens e mulheres bem-vestidos, eles com ternos de tweed, elas de tailleur, todos ensimesmados e aparentemente zelosos com os seus deveres acadêmicos, o semblante evocando pensamentos sérios e imponentes. Que imagem devo ter passado a eles, com o meu jeans surrado, sapatênis da Mr. Cat e camisa de manga curta apertada na barriga? A palestrante era jovem e muito loura, linda e rechonchuda, com uma voz anasalada de patricinha de série de tevê. Ela nos passou instruções muito breves sobre os cursos livres oferecidos pela universidade. E foi tudo. Saí de lá e vaguei pelas ruas estreitas do Greenwich Village, entre charmosos prédios de tijolinho. No Washington Square Park, me sentei num daqueles bancos para ler o Reck e esperar o início da aula. Mas não estava no clima para leitura. Então fiquei observando as pessoas e os pombos, e o mundo me pareceu em ordem ("Marlon Brando, Pocahontas and me", canta Neil Young, enquanto a Hanna agride furiosamente as teclas do notebook, como se pudesse extravasar, apenas pela mecânica da escrita, o seu desamparo existencial). Durante a aula, não consegui fixar a atenção. A compreensão do idioma melhorou bastante, dá para dizer que entendo o que é dito, ao menos em linhas gerais. Mas fiquei a maior parte do tempo imaginando o que essas pessoas tão simpáticas, meus colegas de classe, devem pensar de mim por baixo da armadura spivakiana de identificação com o subalterno. Depois da aula, o supervisor se ofereceu para me apresentar a outros professores do departamento. Ele quer contribuir para a minha sociabilidade acadêmica, para a formação de uma rede de contatos aqui na América. Agradeci, mas disse que não era necessário, que não estava nos meus planos publicar em inglês. Ele ficou intrigado, e eu mesmo não entendi os motivos da recusa deselegante. Se estou aqui, qual a razão de escrever em português, como, aliás, estou fazendo agora? A verdade, o que não posso dizer a ele e nem a ninguém, nem mesmo à Hanna, é que vim aqui para fazer outra coisa, não sei bem o quê. Já não quero me ocupar das grandes questões. Desejo apenas explorar o que se passa comigo, o que acontece ao meu redor (Johnny Cash, "a rich man in ten with a satisfied mind"). Hoje cedo, durante a aula, tive a ideia para um ensaio — escrever a leitura de Freud, detalhar o que acontece dentro de mim quando leio relatos como os do pequeno Hans ou o do homem dos lobos. Não se trata de confirmar ou não a validade da teoria freudiana. Seria estúpido. O que quero é acessar as emoções submersas, me ensaiar, fazer da vida interior um campo de experimentos, agitar este lago quieto de águas pútridas e barrentas.

20 de setembro

Jantamos num restaurante indiano, e a Hanna está arrotando freneticamente. De acordo com uma pesquisa que ela fez na internet, é possível que esteja com "bolo histérico". Os principais sintomas são: azia, sensação de entalamento e um sentimento difuso de angústia. Cortei a mão direita não sei onde, quando saí para comprar vinho. Tenho bebido todos os dias. Gal Costa cantando "Errática". Espero não ter contraído tétano.

22 de setembro

Hoje nos mudamos para um studio do outro lado do parque. É um quartinho minúsculo, com o armário caindo aos pedaços. Sinto que passaremos frio no inverno — as janelas não parecem vedadas, o vidro é muito fino. Eu e Hanna brigamos o tempo todo. Estou chato, impositivo, ranzinza. Ela, inquieta e apreensiva. Nessas três semanas nos divertimos muito pouco. Quase não transamos. A angústia domina. O que viemos fazer aqui? Não sinto vontade de ler. Vamos muito à farmácia e ao supermercado, sempre precisamos de algo. Temo o inverno, e acumulo casacos pensando no frio que já chega. A Hanna se queixa dos meus excessos. Hoje comprei roupas térmicas para me exercitar, mas a quem acho que estou enganando com essa ideia absurda de correr na neve, no Central Park? Que filme com a Jeniffer Aniston andei assistindo? Se a Hanna não estivesse na minha frente, escrevendo um e-mail para si mesma, eu choraria. Mas não vou desistir. Não quero voltar ao Brasil antes do tempo. Uma brisa gelada entra pelo vão da janela.

19 de junho de 2016

Sonhei que escrevia o meu sonho, o sonho que eu sonhava, o sonho dentro do sonho. As palavras corriam à minha frente, passando a galope nas folhas muito brancas. Era como se alguém (eu mesmo) ditasse um livro já escrito (o que leva a minha assinatura), e só com a projeção da mente, sem que eu tocasse o papel, as frases jorrassem fartas, gordas. Acho que sonhei com o estilo.

20 de junho

De aula em aula, de banca em banca. Nas horas de ócio, transcrição do diário americano (e confabulações, no aplicativo de mensagens, com a amiga de outro estado. É possível que ela venha ao Rio). Em Copacabana, sensação térmica de 15 graus.

30 de junho

Um mês sem abrir *Ruído branco*. Decido voltar ao começo, refazer a releitura. Tomar outras notas. Passo na Casa Cruz da Ramalho Ortigão e compro uma caderneta ginasial de capa verde. Gosto desses caderninhos. São flexíveis. São baratos (R$ 3,25). Não evocam sacralidades como os moleskines de folha porosa e encadernação caprichada. Cabem no bolso e desmancham facilmente — devem ser usados, portanto.

2 de julho

Cena destacada com dois riscos verticais. E o comentário a lápis: *a comédia do sexo conjugal*. Jack e Babette estão no quarto, sem ter o que fazer, a cama bagunçada com "revistas, varas de cortina, uma meia de criança imunda". Jack tranca a porta, abraça Babette. "Numa queda controlada" eles se jogam na cama, vão se tateando, procuram encaixes, mergulham na carne do outro enquanto livram os calcanhares dos lençóis. Babette pergunta a Jack o que ele deseja —

— O que você quiser.
— Quero fazer o que for melhor pra você.
— O melhor pra mim é agradar você.
— Quero fazê-lo feliz, Jack.
— Me sinto feliz quando agrado você.
— Só quero fazer o que você quiser.
— Quero fazer o que for melhor pra você.
— Mas, se você quer me agradar, deixe que eu o agrade — disse ela.
— Sendo eu o homem, acho que é responsabilidade minha agradar.
— Não sei se isso é uma afirmativa carinhosa e sensível ou um comentário machista.
— É errado o homem ter consideração com a sua parceira?
— Eu só sou sua parceira quando a gente joga tênis, coisa que aliás a gente devia voltar a fazer. Fora da quadra sou sua mulher. Quer que eu leia para você?
— Ótima ideia.

—, e não se vê um ímpeto incontrolável ou o desespero da carne. A falta de urgência no sexo conjugal. A carne do outro como terreno conhecido, confortável: "no corpo de Babette havia uns lugares profundos e compridos, lugares onde as mãos podiam parar para entender no escuro". Será que os dois se tocam, se manipulam durante a conversa? Fiquei me perguntando. A função específica da troca sexual cômica: aplacar os ânimos, adoçar a vida doméstica. Preservar o nós. "Comecei a sentir um princípio de ereção. Que coisa idiota e fora de contexto".

3 de julho

Se em *Ruído branco* o sexo conjugal certifica a harmonia, em *Pastoral americana*, de Philip Roth, ele é a transcendência pela repetição. A conquista da intimidade por Dawn e Sueco Lvov é como uma estória romanesca, a progressiva superação dos embaraços da vida a dois: inibições, inexperiência física, a rígida moral puritana. O casal já não é tão jovem quando Roth pinta sua vida íntima. Pais de meia idade, os laços emocionais de Dawn e do Sueco são sólidos como formações calcárias, e isso no romance favorece a plenitude erótica. No controle do ritmo, nos andamentos do ato carnal, eles passam a impressão de tocar uma peça musical muito simples, mas cujas nuances da execução, e vigor da performance, não deixa de surpreendê-los. "Tem uma coisa tão comovente em você — Dawn lhe sussurrava — quando chega ao ponto em que você não consegue mais se controlar". E a sublime purificação: "Dawn dizia que, quando ele dormia depois de fazer amor, ela se sentia como se estivesse dormindo com uma montanha. Às vezes, ela se emocionava ao pensar que estava dormindo ao lado de uma enorme rocha".

5 de julho

Às vezes, nos e-mails, a Hanna mencionava certas "obrigações matrimoniais". É óbvio que estetizava a realidade — o deboche era o nutriente essencial dos nossos joguinhos epistolares. Mas ao contrário de mim, na relação com a inominável, ela parecia encarar suas "obrigações" como pequenas travessuras que sossegavam as contrariedades do casal. O sexo conjugal como farsa: "hoje de tarde", ela escreveu certa vez em resposta a um e-mail,[2] "transando com o meu cônjuge,

---

2. O e-mail: "Será que Guilherme Comum, que usa tênis All Star e camisa de botão dobrada nas mangas, Guilherme Comum, um homem de bem, sempre indignado com a corrupção no país e com o desmatamento na Amazônia, o derretimento da calota polar e a extinção do jacaré-de-papo-amarelo, Guilherme Comum, que nove entre dez mulheres gostariam de ter como cônjuge graças à retidão moral, conduta amável e masculinidade assertiva, este bom homem, que vê muita tevê, admira o Homer Simpson e tem pavor de remédios tarja-preta (mas por força do hábito se delicia com o podrão da Afonso Pena, besuntado de maionese Minasa, ketchup Ojuara e batata palha Fritex), esse herói-que-aguenta-o-peso-das-contas-do-mês, filho único de um respeitável coronel da reserva, e de uma dedicada professora primária que vai à feira de bobes na cabeça, como a dona Florinda, será que este homem generoso teve a alegria de realizar, na data de hoje, uma fantasia senão ousada, ao menos razoavelmente lasciva com a sua jovem esposa trajada apenas com uma *hijab* improvisada, a mesma que ela usou para conversar na *webcam* com o seu amigo virtual, se bem que sem fins libidinosos, pois a bela e idiossincrática Hanna jamais faria algo assim, não com o seu

até me lembrei do pano verde que usei na *webcam* para cobrir o rosto, enquanto mostrava a você a minha residência tijucana. Vi o pano largado na cadeira e pensei em usá-lo durante o ato, mas aí me dei conta de que estava fazendo *apenas* sexo conjugal, e me bateu uma preguiça gigantesca de transformar o pano em uma espécie de *hijab* (quase escrevi *jihad*, Cordélio, o que isso quer dizer?). De modo que o sexo foi como sempre, ainda que um pouco mais apressado que o habitual, porque o Guilherme se empolgou com a minha proposta e com a minha vacilação e terminou um pouco antes do que deveria".

6 de julho

Trancafiados num quartinho, dois condenados cumprindo pena. O pior inverno das suas vidas. Só o que têm às mãos são as medidas extremas: o afogamento pelo sexo ou a asfixia no ressentimento. O quartinho como cenário de um drama trágico — a decomposição da pequena metafísica nas rotinas sórdidas da carne.

---

amigo virtual *best buddy* toca aqui, será que Guilherme Comum, no dia de hoje, consumou este feito notável?, será que o futuro pai de David Machtynger-Comum e Luana Machtynger-Comum, crianças sedentas e inquietas que mamarão até completarem dois anos de idade nos seios (presumivelmente) volumosos e rijos e com mamilos rosados e formato pêra da bela e idiossincrática Hanna, que ao pensar em filhos se entrega com volúpia a doses cavalares de ansiolítico, os mesmos que a sua mãe, Yael, consome há alguns anos, remédios que já não assustam o refugiado Kantorowicz Machtynger, ou ao menos não o incomodam de todo enquanto joga pôquer com os amigos na sauna do Clube Piraquê, na Lagoa, será que Guilherme Comum chegou sorridente na Pontifícia Universidade Católica e cumprimentou, de modo caloroso, os seus colegas do Departamento de Economia, uma instituição que é o orgulho deste país!, sem que eles pudessem captar o motivo de tanto júbilo, num momento em que os índices de crescimento econômico se encontram estagnados, com viés de queda, e a seleção do Dunga não apresenta um futebol digno na Copa da África (culpa, a julgar pelas resenhas esportivas, da traiçoeira bola Jabulani, nome que o amigo virtual de Hanna, a quem por vezes ela chama de Stephen ou de Cordélio, repete o dia todo como se fosse um papagaio de conto setecentista, Jabulani he he, Jabulani he he he, e é possível que ele mais se pareça com Beavis ou talvez com Butt-Head, Jabulani he he he I need TP for my bunghole), será que Guilherme Comum?

7 de julho

"Cheguei a uma conclusão, Stephen. O meu livro preferido é o nosso, aquele que venho escrevendo com você. Mas se eu disser isso à minha analista dogmática (que por sinal afirmou anteontem que apresento *claros* sinais de depressão desde a adolescência, só porque contei a ela que sempre resmunguei muito e que, aos 16 anos, quando estava em Praga, liguei para os meus pais e, quando eles me perguntaram como estava a viagem, respondi com um lacônico "normal"), se eu disser isso a ela, que na minha lista de obras-primas está, em primeiro lugar, a nossa correspondência, em segundo lugar *O teatro de Sabbath*, em terceiro lugar *Ruído branco* e depois todo o resto, ela vai querer entender o que há de errado comigo. Ou talvez se limite a me dar alta por considerar irreversível o adoecimento do meu psiquismo".

9 de julho

Reuniãozinha na casa do Ângelo. Pessoas com um ar muito saudável — professores de barbas vistosas e calças vermelhas, tradutoras de cabelo bem curto e ainda molhado pelo banho. Comidinhas, vinho tinto, cervejas artesanais. Piso de tábuas corridas, iluminação indireta. Trilha sonora do Tom Waits. Me senti em um episódio de *Sex and the city*. Conversei um bom tempo com uma amiga do Jonas, meio tímida, que passou a noite encolhida no sofá, checando os vinis. Ela morou quase um ano em Paris e não escondia o alívio por voltar ao conforto da língua-mãe. "Meu primeiro pensamento depois de acordar era que passaria o dia todo falando francês. Isso quase me dava vontade de não sair de casa". "Também vivi algo assim", disse a ela. "O pior era a interação social, duas, três horas num bar falando inglês, rir sem entender a tirada. Até a hora que o meu cérebro pifava. Eu estava sempre no limiar de uma imensa vergonha". Ela sorriu, acho que gostou da última frase. Não contei que era do narrador de *Ruído branco*. Trocamos telefones, e nos despedimos com a vaga promessa de tomar um café, um dia desses.

10 de julho

Encontro da comunidade de leitores (ou do núcleo que manteve o contato após a extinção da antiga rede social). São amizades que nasceram da compulsão por literatura, se alimentaram do manejo inventivo e dissimulado da palavra escrita, e por força das circunstâncias tiveram de migrar para a assim chamada realidade. O Antonio, fundador e moderador do grupo, está no Rio para um ano sabático, e o Fernando Stumm, que é do Recife, veio passar uns dias aqui em casa. Na terça ele embarca numa viagem de seis meses pelo Leste Europeu — há rumores de que trabalha em sigilo no roteiro de uma série, *O tio de Hrabal*, mas isso ele não confirma e nem desmente. Como o voo para Belgrado sai do Rio, ele quis se despedir dos amigos e fazer uma limpa nos sebos. É um sujeito tranquilo, o Fernando. Jamais fala de si. No ensaio *Leitores de Marcelo Matthey: estudo prosopográfico e fisiognômico*, o Antonio descreve o Fernando, o mais remoto desses leitores, como "um homem corpulento, de delicadeza tranquila, que nunca parece ter se desgastado tentando provar nada pra ninguém". Já o Rodrigo (*aka* Aviário do Mário, Bobi Bazlen do Fonseca) é pintado como "um perene ficcionista da oralidade", que "vive tecendo suas histórias enquanto ajeita a roupa e o topete, e ergue as sobrancelhas como se passasse marca-texto no que diz". É deste mesmo ensaio, diga-se, que César Aira, sem dar o devido crédito, retirou a epígrafe da sua novela mais recente: "nos conhecemos assim, nos arredores de nossas mentiras, e de lá nunca saímos, o amor pela ficção um elixir que tudo cura".

Os três passaram a tarde nos sebos, Berinjela, Baratos da Ribeiro, Beta de Aquarius, e, quando cheguei, já estavam na quinta cerveja, comentando as aquisições do dia, Elvio Gandolfo (*Meu mundo privado*), Lyudmila Ulitskaya (*A festa funerária*), Gert Ledig (*O órgão de Stalin*), Tarik Carson da Silva (*O coração reversível*), Diógenes Magalhães (*Antologia mundial do conto abstrato*), Jiří Weil (*Mendelssohn no telhado*), Carmen Boullosa (*A outra mão de Lepanto*), Kjell Askildsen (*Contos*), Osvaldo Baigorria (*Sobre Sanchez*), Zoë Wicomb (*Não dá pra se perder na Cidade do Cabo*), Guy Davenport (*A bicicleta de Da Vinci*), Carlos

Sussekind (*O autor mente muito*), Padgett Powell (*O ânimo interrogativo*), Tomas Espedal (*Contra a arte*), Daniela Alcívar Bellolio (*Para esta manhã diáfana*), Tadeusz Borowski (*Para o gás, senhoras e senhores*), Mario Rigoni Stern (*O sargento na neve*). O Rodrigo perguntou o que ando lendo. Karl Ove, respondi, ainda, é só o que dá tempo, e sem dar margem para que eu seguisse justificando as minhas faltas como leitor, o Fernando me interrompeu e desandou a falar do taxista que, mais cedo, no percurso entre o Leme e o Largo do Machado, fez um inventário das suas vidas pregressas, ao menos as mais recentes — caçador de ursos na Romênia, ilongote cortador de cabeça nas Filipinas, escrava albina nos desertos da Mauritânia (como amante esporádica do Bruce Chatwin, interveio o Rodrigo) —, e talvez porque falássemos de desertos e de vidas passadas, mencionei o tradutor de poesia pré-islâmica, morador do Encantado, que não conhece uma única palavra em árabe, mas alega ser a reencarnação de um beduíno cego (o mais provável é que seja de um camelo, reagiu o Rodrigo), e nessa mesma hora o Antonio se lembrou de um sujeito que se dizia tupinólogo, "Juarez era o nome dele", e gostava de importunar os outros com suas etimologias fantasiosas ("todos sabem que Juarez em tupi quer dizer *ju*, etimologia, *a-rez*, de filho da puta", assegurou o Rodrigo). Assim viramos a noite, fechando bares, revivendo histórias que não nos diziam respeito, e ao voltar para casa — a manhã estava cinza e gelada —, avistamos um menino-pinguim passeando na Barata Ribeiro, imperturbável, como se estivesse a caminho da escola. Ele tomou a direção do metrô, acenou para uma mendiga que dava de comer aos pombos e depois sumiu. Nos vagões subterrâneos, espremidos e tremendo de frio, trabalhadores dormiam em pé como cavalos num conto de Bábel.

11 de julho

Ninguém convidou a Hanna (*aka* Dina Zagreb) para o encontro da comunidade. Pensei nisso hoje cedo — na partilha interminável desses bens simbólicos. Quanto tempo dura uma separação? Num caso como o nosso, não menos que a vida toda.

12 de julho

Mais cedo o Antonio trouxe as provas do livro sobre Bolaño, e tomamos um café. Quando ele me sugeriu escrever um ensaio em forma de diário (eu andava sem ideias e passava por um bloqueio criativo), é possível que não falasse sério. Mas agora, relendo o texto depois de um ano e meio, o resultado não me desagrada.

13 de julho

Lançamento de uma coletânea de ensaios que ajudei a organizar. Muitos alunos e alunas, deslocados e risonhos, rachando um exemplar do livro caro, entrando na fila para pegar dedicatórias, filando vinho ruim e canapés com gosto de nada. Quantas vezes fiz o mesmo? Diante deles — presença inusual e acolhedora —, senti algum desgosto pelo tempo gasto neste caderno, desperdiçado com a ambição do Livro. Não seria um desacerto intitulá-lo *Desvio de finalidade*.

14 de julho

Ontem precisei interromper a escrita. Retomo. Ainda na livraria, o Jonas comentou que eu parecia um cacique, todo largo e suado, imbuído nas etiquetas da autoria enquanto as pessoas bebiam e conversavam amenidades. É possível que, num plano inconsciente, eu estivesse fabulando os possíveis desdobramentos deste livro aqui. "A síndrome de Paulo Honório não nos abandona, meu velho", o Antonio me disse mais de uma vez. "Tanto esforço só para ver o nome na capa de um livro."

*

Qual a sua posição sobre o futuro do romance, professor? Que tem a dizer sobre os atentados recentes no Oriente Médio? Foi golpe ou não foi? Disserte! Mas não venha falar de si mesmo, da sua vida íntima. É francamente constrangedor. Assine o nosso livro, redija dedicatórias edificantes, inspiradoras. E cuidado com o tom. Nada de muito pessoal, se possível.

*

"Desgosta-me usar a primeira pessoa. Se se tratasse de ficção, bem: fala um sujeito mais ou menos imaginário; fora daí é desagradável adotar o pronomezinho irritante" — Graciliano Ramos, *Memórias do cárcere*.

15 de julho

Ainda o lançamento. Eu estava nervoso, nada a ver com a ocasião em si. É que a minha amiga, também professora, viria ao Rio participar de um simpósio acadêmico, e o seu voo, reservado meses antes, estava marcado para aquela noite. "Abomino coincidências", ela escreveu na véspera. "É como dar com a cabeça numa quina invisível". "Ou como se um demiurgo lunático dobrasse o pano do real, fazendo tudo esbarrar com tudo". Eu não achava que fosse um problema. Podíamos nos encontrar no dia seguinte, tomar um café. Ela declinou. "Quero um exemplar do livro, e prefiro que esteja assinado por todos os autores, não só por você".

Nos conhecemos no Largo de São Francisco de Paula nº 1, seis ou sete anos atrás. Ela terminava o mestrado em literatura francesa e pesquisava a estupidez em Flaubert. Achei o tema estupendo (na época eu tinha uma cisma com os estudantes de letras, mais interessados em rizomas, sujeitos fraturados e no devir-onça que na literatura em si). Era a primeira vez que eu lecionaria um curso de pós, sobre o romance do século XIX, e na época não me dei conta (ela percebeu logo de cara), mas todas as leituras levavam a Flaubert, às formas superiores do seu realismo. Nas aulas, as suas intervenções eram quase sempre oportunas, inspiradas, admiravelmente eruditas para alguém de pouca idade, e os seus óculos de aros grossos, o biquinho aristocrático, o corpo muito esguio, a acidez dos comentários, o francês corretíssimo, todos os pormenores conferiam a ela um ar prematuro de professora universitária. Alguns a achavam esnobe. Eu fiquei encantado. Pensei em convidá-la para tomar um café, "só um café", mas ao imaginar que dividiríamos a mesa para falar trivialidades, e que em algum momento eu deveria ser claro quanto às minhas intenções, me sentia tão ridículo quanto as personagens flaubertianas que ela dissecava. No fim do semestre, avaliei seu ensaio. Sublinhei parágrafos inteiros, fiz comentários nas margens, elogiei a qualidade da prosa. Dei A. Só ela, em toda a turma, não foi buscar o texto anotado. Depois de meses mofando no meu escaninho, descartei o envelope junto com outros papéis velhos.

Não tive notícias por vários anos. Até que a encontrei no Facebook, casada, marido canadense, filha pequena, fazendo doutorado na Universidade de Quebec. Curti umas fotos antigas, ela com barrigão de grávida, e mandei *inbox*. A tese era sobre a apatia na literatura francesa, com um capítulo inteiro dedicado a *Educação sentimental*. Este romance é a história da minha vida, escrevi. Sou o Frédéric Moreau! Ela respondeu com um *emoji*, carinha chorando de rir. E foi tudo. Levei mais um ano até puxar assunto de novo. Vi que ela tinha defendido a tese, perguntei se tudo correu bem. "Foi tranquilo", ela escreveu. "Nenhuma crítica estrutural, nenhum elogio efusivo. Um zero a zero disputado".

Foi aprovada num concurso, se mudou para Florianópolis, o marido veio com ela para o Brasil. Passamos para o aplicativo de celular — isso deve ter uns cinco meses — e já naquela noite tivemos a primeira de muitas conversas intermináveis, com um assunto encostando no outro, entrando por dentro do outro, os aforismos de Flaubert ("Vida! Vida! Ter ereções") e o narrador cabotino do Julian Barnes ("sobrou até para a Enid Starkie, biógrafa decente"); os apertos de morar fora e os infortúnios da política brasileira ("eles não têm votos pra fazer o impeachment"); nossos livros favoritos ("coincidência, o meu também é *A vida: modo de usar*") e as chateações e alegrias da maternidade; as dificuldades do casamento ("mas ele é um ótimo pai") e os meus reveses no aplicativo de encontros ("gurias beijando golfinhos? O que foi que perdi nesses anos soterrada na neve?!"). Passamos a nos frequentar diariamente, as conversas picotadas pelos afazeres, até a hora em que a filha ia dormir. Se o marido estivesse viajando, ela abria um vinho para me acompanhar — bebo quase toda noite —, e era como se através da escrita eu me transportasse para um outro plano, onde escutava a sua voz com os mínimos contornos da prosódia bem marcada, o sotaque do interior de não sei onde, mas que poderia ser de lugar nenhum, ou de todos os lugares. "Passo os dias descrevendo pra você as miudezas do meu cotidiano", "não consigo me acostumar aos seus lapsos de memória", "cada vez que conversamos tenho a impressão de que é a primeira", "o meu modo é o da franqueza, o seu o da utopia", "li *Stoner* em três noites, é mesmo extraordinário", "que categoria é essa, sexo conjugal?", "você está lendo na sua poltrona?", "a invenção, a fantasia", "você é o professor que vai me avaliar? Eu sou a estudante sob escrutínio?", "as pessoas dizem que estou me dedicando muito às redes sociais", "não me escreva, sério", "não há cautela que me baste", "você quer transar comigo, mas sabe que é arriscado", "você se beneficia de eu querer a alegria do novo", "não vou te mandar uma foto provocante", "como seria se eu te contasse a minha vida sexual, como você me conta a sua?", "nada explica o meu sentimento de abandono quando você não me responde, o meu medo de que você conheça alguém", "parecia uma mulher de madeira, funcionando de maneira automática", "em francês há este verbo, *délaisser*, que usei no meu diário", "significa deixar sem socorro ou afeição; abandonar", "não é o perigo que me excita, você se engana", "o futuro é um corredor escuro, que tem no fundo uma porta bem fechada", "escrevi o seguinte: *Il me dit, tu sais bien que dès que nous nous baiserons, ton marriage deviendra intenable. Tu le sais, n'est-ce pas? Un énoncé performatif*", "já disse que não vou mandar nudes", "não me conheço o bastante, a cada dia encontro algo novo em mim", "por que você está lendo sobre crítica bíblica e profecias?", "no fim das contas você acredita sim que meu desejo por você queira dizer que estou frustrada com a minha vida", "seria bonito escrever a história de uma cama!", "eu quero você em cima de mim", "penso sempre que nós não resistiríamos à convivência", "você só gosta de ler, foder e comer, eu gosto de várias coisas", "conhece o diário do Gombrowicz? Estou lendo um texto do Piglia sobre ele", "estou viciada em você", "li o teu ensaio e retomei o *Diário do luto*, do Barthes", "acho que você não apaga nada das nossas conversas", "se você não me comer em um mês, no máximo, vai se cansar dessa história", "você confiaria numa mulher que traiu o marido?", "estou no shopping com a minha filha", "já apaguei aquelas fotos?", "comecei a ler a Elena Ferrante, você controla as minhas leituras", "a natureza da nossa relação é tipicamente trovadoresca", "chega de digitar, agora vamos ler", "é difícil me dividir entre você e você", "tem camisinha na sua casa, não é?", "*meanwhile*, você tira a roupa de várias outras gurias", "temos de nos encontrar, se não por nós, pelo nosso bovarismo", "já viu esse filme, *A academia de musas*? Uma personagem diz que o modelo de musa dos trovadores é sempre uma adúltera. O que acha disso?", "sonhei com você de sexta pra sábado, na verdade você não estava no sonho, era uma ausência. Havia papéis que eu sabia serem seus, e eu sabia que você estava ali antes e que voltaria", "você como uma ausência presente", "é estranho pensar na evolução de tudo isso, muitos patamares em pouco tempo, tudo por meio de um aplicativo de celular", "só é preciso um pouquinho de sensatez para admitirmos que não tem como dar certo", "sonhe comigo dando pra você", "sonhe com a nossa vida, se tivéssemos nos reencontrado em uma situação diferente", "você já está até escrevendo as suas confissões!", "tenho medo da carga de idealização acumulada, que seja desastroso", "por que eu não te deixei em paz? Por que você não me deixou em paz?", "nossa única chance é não dar certo, porque se for bom nossa vida se transformará num inferno", "tenho que voltar na sexta de manhã, de tarde tenho uma banca", "todo o seu diagnóstico é equivocado", "você tem o benefício da novidade, e sabe muito bem", "como depois vamos viver com tudo isso?".

16 de julho

Não posso seguir me referindo a ela como "ela". Talvez fosse o caso de usar uma letra maiúscula seguida de ponto, mas exceção feita aos diários íntimos, é um artifício meio imprestável, mero emblema gráfico para assinalar transações secretas. Não enganaria ninguém, a essa altura. Melhor ceder à vulgaridade da nomeação e avançar no relato.

Emma foi para a livraria direto do aeroporto, e chegou em hora movimentada. Muita gente ao redor da mesa, calor, luz forte, o suor me escorrendo em filetes. Era inútil o empenho de não borrar os livros. De tempos em tempos eu ia ao banheiro lavar o rosto. Voltava refrescado, parava numa rodinha, interagia sem me aprofundar nas conversas. Foi numa dessas escapadas que a avistei, encostada na pilastra, segurando uma taça vazia, manuseando nervosamente o puxador da mala de mão. Acenei, ela sorriu. É certo que me seguia com os olhos. Me aproximei titubeante, sem ter o que dizer. Com a naturalidade ensaiada de quem planejou os mínimos gestos da estadia no Rio, ela esticou a mão e falou: "oi, sou eu, onde consigo o livro?"

Escrevi uma dedicatória formal, protocolar — exatamente como ela pediu.

Do lançamento, ela foi beber com uma amiga. Não queria sair com estranhos. Nos encontramos na tarde seguinte, no Cafeína. D** (sei que caio em contradição, mas a essa altura não posso mudar o nome do personagem) ocupava a mesa de sempre, o jornal aberto, o café com leite esfriando na xícara. Pareceu encantado com Emma, e ela um tanto constrangida com o olhar fixo do rapaz desajustado. Senti que ela esperava que eu a beijasse, mas fiquei sem jeito (depois me arrependi). Não que me sentisse desconfortável. A conversa fluía como um veleiro em tarde quente, mas sem álcool eu nunca me encorajaria. E foi um encontro ligeiro, corrido — de manhã ela havia estado no simpósio ("a mesmice de sempre, muita gente sem imaginação"), depois almoçou com a sua orientadora de mestrado ("me perguntou se eu não queria dar uma aula para ela amanhã cedo. Imagina! Agradeci, mas disse que já tenho planos: ir à praia"). De noite encontraria uns amigos na Praça São Salvador ("preciso inundar de álibis o meu Instagram"), e só depois iria me ver. Toda essa engenharia só fez crescer a minha vontade. Às onze e meia ela me escreveu. Nos encontramos na porta do hotel, já embriagados, e enfim nos beijamos — um beijo longo, sem pressa, como se estar ali, de pé, numa rua escura e pouco movimentada, fosse a razão de ser daquela viagem, e não precisássemos de mais nada.

Saindo do transe, pegamos um táxi e viemos para cá. Abri uma garrafa de vinho (branco, era uma noite abafada), escolhi duas taças decentes e pus pra tocar o primeiro cd da pilha, Ella Fitzgerald cantando Cole Porter. Me arrependi na mesma hora. Achei a escolha péssima, caricata, pior que isso só João Gilberto. Imaginei o que ela estaria pensando: "música pra comer alguém". Mas ela não disse nada, mais tarde até elogiou a escolha. A música compunha o cenário, era tão irrelevante quanto as taças suadas que largamos pela metade. "Nós não vamos conversar um pouquinho?", Emma perguntou enquanto nos agarrávamos na ponta do sofá, minha mão escorregando por suas pernas finas e macias. O cd nem estava na metade quando terminei de tirar a sua roupa. O que ela vestia? Só lembro do que usou no segundo encontro, um vestido branco com uma frase que agora me escapa, sobre *une jeune fille* prestes a tomar uma decisão importante.

17 de julho

"Não foi um beijo sem pressa. Lembro do meu celular caindo no chão, e de como estávamos atabalhoados nessa hora, inundados de urgência", "você já conhecia os meus gostos, facilitei tudo pra você", "te achei mais eficiente com as mãos do que com a língua", "quando te chupo não dá pra saber se você está gostando", "me lembro de estar tremendo, de manhã bem cedo, nua na sua cama, e de você me dizer isso, que eu estava tremendo", "falar em segundo encontro só me faz pensar na falta de sentido dessa história", "foi bonito, foi doce, foi quente, mesmo eu tendo tremido de frio".

18 de julho

Emma diz que a sua vida conjugal é satisfatória. Nunca se queixa do marido. No seu discurso, o adultério é puramente uma medida de profilaxia.

*

"Fico molhada só de você pegar na minha mão" — ela me disse por trás dos óculos escuros, no dia seguinte ao primeiro encontro, num restaurante na praia do Leme.

*

Sinto que o ensaio em forma de diário vai ganhando ares de novela.

19 de julho

De volta a *Madame Bovary*, à pequena Yonville. Reencontro Charles na hospedaria, jogando dominó com o boticário, mas ele não me reconhece — tem a atenção dividida entre o passatempo preguiçoso e os aromas espessos de uma sopa quase no ponto. Quem me ajuda com as tralhas é o infeliz Hippolite, coxo e andrajoso, equilibrado na perna de pau que é a metonímia da estupidez humana. Me ajeito numa mesa, o café vem aguado. Abro um romance para matar o tempo. Me aborreço, cochilo, já é noite quando desperto. O salão está vazio. A hora é boa para um passeio. Desço a rua deserta e me aproximo do caramanchão, onde Emma e Rodolphe, em outros tempos, se livraram dos incômodos do pudor (quem me diz isso é uma voz potente, ritmada, uma voz sem corpo). Acomodo a vista ao breu, me demoro, mas só o que vejo são os vultos dos dois, sombras que se mesclam e vão criando novas formas, como rabiscos numa caverna mal iluminada. Sei que Rodolphe é um homem alto, espadaúdo, com vastas suíças, a sensualidade beirando o fastio, e que maneja a mulher de outro homem como se ela fosse de matéria maleável, corrompida. Isso também é a voz que me conta (Emma não pode, não quer pertencer a homem nenhum). Está escuro, a voz ficou rouca de tanto gritar. Sinto que já não tenho o que fazer na pequena Yonville. Mas antes de voltar para o lugar de onde vim — começo a me aborrecer na cidadezinha —, faço uma última visita a Charles. Sorrateiramente invado a sua casa, subo pela escada estreita, abro a porta do seu quarto. Ele está coberto até o pescoço, a cabeça enfiada num gorro de lã, murmurando palavras inaudíveis enquanto sonha com o velho mestre-escola — *ridiculus sum*, novato, *ridiculus sum* —, e encolhida no bercinho, empapada de suor e com tremores noturnos, a pequena Berthe se entrega a maus pressentimentos, sentindo a aproximação de uma sombra pesada, um invasor de pisada torta, o cabelo rareando, as roupas amarrotadas, o hálito rançoso, as mãos sujas de giz.

20 de julho

"Eu também teria gostado, sem saber exatamente como isto se encaixaria na sua composição, de ver personagens com sentimentos mais gentis, puros, reservados, profundos e igualmente verdadeiros. [...] Você conhece tudo, Monsieur, mas é cruel!" — Sainte-Beuve a Flaubert.

21 de julho

Emma pergunta qual é a memória mais querida dos dias que passamos juntos. O fim de tarde em Copacabana, nós dois abraçados na orla, escrevo. E o beijo em meio aos livros velhos, no segundo andar do sebo em Botafogo. "Como se fôssemos um casal, eis o teor das suas memórias queridas. Já eu não consigo distinguir a memória mais querida da mais carnal. É uma coisa só, você tocando a minha mão no restaurante".

22 de julho

"Gostaria de saber qual é a sua interpretação retrospectiva do passado" — Emma tem o costume de enviar mensagens enigmáticas de manhã bem cedo, quando sabe que estou dormindo. Imagino que se refira ao passado recente, ao nosso encontro. Mas não é isso. "Estava falando do seu curso, de quando você foi meu professor". E envia uma foto, a Xerox manchada de *Mimesis*, de Eric Auerbach, com o número da pasta e o nome da disciplina. A trajetória, portanto. "Passei a tarde pensando na cena do jantar, que Auerbach examina no capítulo dezoito. Uma bela descrição do desespero da madame Bovary: a lareira fumegando, a porta rangendo, a fumaça do caldo, as meias cinzas de algodão, a lentidão de Charles ao comer. Toda a amargura da existência servida num prato de sopa".

*

"Você nunca pensou que se tratasse de uma questão puramente sexual? Que tudo o que eu queria era transar com outra pessoa, depois de quase seis anos transando com a mesma? E que eu só conseguisse com alguém que conheço minimamente? E que você foi essa pessoa porque deu em cima de mim de um jeito despudorado? Não, não vou largar o meu marido. E a cena do jantar não é uma alegoria da minha vida. É só uma cena. É só literatura".

*

"Frédéric, homem de todas as fraquezas" — a voz, em *A educação sentimental*.

23 de julho

"Entretanto as chamas se amainaram, seja que a própria provisão se esgotasse, ou que o acúmulo fosse grande demais. O amor, pouco a pouco, extinguiu-se pela ausência, a saudade sufocou-se sob o hábito; e esse clarão de incêndio que purpureava seu céu pálido cobriu-se de mais sombras e se apagou gradativamente" — a voz, em *Madame Bovary*.

*

"Bonito o trecho do Flaubert que você me mandou", "será que com a gente vai ser assim, a saudade sufocada no hábito?", "tenho de ir pendurar as roupas e secar meu cabelo", "*Como não pensar mais em você* é um curso no qual serei reprovada diversas vezes", "hoje me senti um exemplo vivo da função fática do Jakobson, trocando postagens públicas com você no Facebook", "você nunca relata as miudezas do seu cotidiano, nunca um efeito de real em meio às nossas conversas alucinadas", "eu posso escolher não ser a protagonista de um romance?", "não gostaria de ser um sucedâneo da Hanna", "você está repetindo comigo o que viveu com ela, com essa impossibilidade de ficarmos juntos", "eu sou um exagero de desencanto, e você é um exagero de amor romântico", "o seu maior problema foi eu ter me aberto às suas cantadas", "eu me pergunto o que estou fazendo na tua história, por que você entrou na minha", "há condições das quais não quero abrir mão", "você pode ser Frédéric, a espera infinita, mas me recuso a ser a senhora Arnoux e alimentar tamanha insensatez", "de volta ao realismo: minha divisão, minha culpa", "você acha que é inesquecível? Você acha que sou?", "tenho vivido em sobressalto com as suas mensagens", "não quero que ele perceba que nos falamos", "nem que o meu casamento estivesse em crise eu ficaria confortável com essa carga de idealização, com essa transferência", "a gente devia terminar", "não posso te impedir de conhecer outras pessoas, não é mesmo?", "eu ainda não pendurei as minhas roupas".

24 de julho

Nenhuma mensagem. Cinco meses, e o primeiro silêncio.

25 de julho

"Foi no verão de 1836 que Flaubert teve a iluminação que fixou permanentemente o padrão da sua vida emocional, quando encontrou Élisa Schlésinger" — Enid Starkie, a biógrafa ultrajada.

*

"1836. Esta paixão ilumina-lhe o resto da adolescência. Mais tarde ele sentirá alívio por não lhe ter sido retribuída a paixão: 'A felicidade é como a sífilis. Se você a contrai demasiado cedo, ela lhe destrói a constituição'" — Julian Barnes, *O papagaio de Flaubert*.

26 de julho

Dia morno de um inverno atipicamente gelado no Rio. Aproveito a tarde de sol (minhas manhãs não existem) para dar uma caminhada. Quase não tenho saído. Estive gripado, com pilhas de provas para corrigir, e o tempo que me sobra dilapido ternamente com a Emma, em mensagens, devaneios, lembranças, anotações, entradas de diário — duas semanas vivendo à base de quimeras. Foi uma decisão acertada, diria oportuna, me proporcionar uns poucos prazeres diurnos. Até porque sigo engordando, já não caibo nas roupas. Ao que tudo indica, escrevo este livro também com o corpo.

*

Virando as páginas do caderno, me surpreendo com a massa de texto e com a regularidade das entradas — já não sei se o que faço é escrever a vida ou viver a leitura.

27 de julho

A pedido dos editores, reviso a última prova do ensaio sobre paternidade. O texto custa a engrenar: abertura enviesada, flerte com a pieguice, o cheiro forte do meu próprio suor. Como na época em que me arriscava na crítica literária, senti o peso da encomenda (quanto maior a repercussão, mais travada a escrita). Já a segunda metade me agrada: a história submersa contada através dos sonhos, o inventário de alegações, os lutos se misturando. É claro que terminarei este livro, estou perto do fim. Mas tenho questionado a *sensatez* do processo. Não descarto a ingenuidade do que me moveu, mas até bem pouco tempo acreditei que, através da escrita, seria capaz de me conhecer melhor, e mesmo na ausência de um *self* autêntico, robusto, alcançaria um estilo próprio, marca toda minha. Como não foi possível, pensei em fingir um *self* — meu psiquismo, afinal, é como cera mole. Mas não consegui fingir um fingimento. Diante desses impasses, li os *Escritos* de Lacan (sugestão da analista) e constatei que meus anseios não passavam de bufonarias: o estilo não é o homem, mas a quem nos endereçamos; a saída de si, não o reencontro de algo perdido. Me pergunto se tem cabimento. Não estou feliz com a minha própria alteridade, me sinto esvaziado. Cada frase escrita só faz dilatar o buraco interior, que de tão vasto já se confunde com a integralidade do meu ser. Estou só como nunca estive. Meu corpo está prestes a se amotinar. Já não acredito no chamado de uma vocação — a maior das bufonarias. Receio que uma vida não examinada seja precisamente a que dá mais gosto viver, a que vale a pena ser vivida.

*

O estilo é a quem nos endereçamos — devo pensar mais nisso.

28 de julho

Talvez pelos retoques no ensaio sobre paternidade, me lembrei hoje cedo de uma passagem de *Ruído branco*: a reação de Elvis à morte da mãe, na descrição de Murray. Abro o livro, encontro a cena. "Elvis ficou totalmente arrasado quando Gladys morreu. Acariciou o corpo sem vida. Continuou dizendo-lhe coisas carinhosas, como se fosse um bebê, até o caixão baixar à sepultura". *Acariciou o corpo sem vida*: leio a frase e imediatamente sou transportado para o funeral do meu pai. No romance que comecei a escrever, mas abandonei, o ápice da trama seria o enterro do pai do narrador. Para conferir à cena uma forte verossimilhança, pensei em recriar hora a hora o dia 2 de agosto de 2008, das 3:14 da manhã, quando recebi a notícia da morte do meu pai, até o momento em que me joguei na cama e fui imediatamente tragado por um sono maciço. Nem precisava tanto: seviciar a memória é um esbanjamento de energia. Melhor esperar por *madeleines* ou frases fortuitas (*acariciou o corpo sem vida*), iscas bem plantadas na grotesca encenação do aleatório que chamamos de realidade. As imagens doídas teimam em emergir, deve ser algo higiênico. É como expelir o pus de um abscesso. Agora mesmo o pus vai esguichando, e revivo o instante exato em que toquei o pai, ou melhor, *o corpo sem vida*, e constatei que ele, ou isso, tinha estado num freezer, e que ao menos no aspecto tátil não há diferença entre o que restou de uma pessoa e um produto industrializado que conservamos na geladeira; fico outra vez agoniado com o formato da boca, deformada pelo derrame e talhada num sorriso sinistro pelos agentes funerários; vejo a mosca obstinada, roliça e cheia de pernas, voando lentamente da testa fria para as mãos inchadas, das mãos inchadas para o nariz intumescido, do nariz intumescido para os cabelos ressecados, alheia ao decoro, agindo mecanicamente conforme as leis da natureza; sinto ainda mais asco do aspecto insalubre e parasítico dos coveiros, se queixando do esforço com o caixão largo e pesado, e pedindo gorjetas para comprar mais terra, mais cimento, mais empenho; me enterneço com a irmã acariciando a pele do pai morto, e experimento mais uma vez a repulsa de tocar a carne sem vida. O corpo, cidade abandonada às pressas. O corpo, aquilo que deixamos para trás.

29 de julho

Durante o inverno no quartinho, a Hanna se enfurecia quando — na esteira de nossas desavenças — eu punha Roberto Carlos para tocar com o volume nas alturas. Ela dizia que eu monopolizava tudo, inclusive a trilha sonora da fossa. Leonard Cohen e Joaquín Sabina condiziam bem à sua melancolia *ashkenazi*, mas a mim não serviam: depois de aturar as lamúrias da Hanna, só o que eu queria era me afundar na autopiedade ao som de *Fera Ferida* ou de *Detalhes*. Era assim que os mais velhos agiam, num ritual de padecimento que me agradava espionar quando eu era criança — a forma como se largavam no sofá, com as mãos atrás da nuca, o olhar meio perdido, as lágrimas balofas escorregando pela bochecha, o cigarro e a bebida esquecidos na mesa de centro. Morrer de amores escutando Roberto Carlos: era disso que se tratava ser um adulto.

Ontem de noite recuperei este hábito, que andava esquecido — desde Nova York não punha os discos para tocar. Fora o vínculo afetivo, não sei dizer o que me captura na dor de cotovelo. A entonação vigorosa de Nelson Gonçalves e de Elizete Cardoso, o lamento desenganado de Nelson Cavaquinho, a elegância serena de Paulinho da Viola — existe aí uma dignidade até certo ponto filosófica, quase solene. Com Roberto Carlos não é assim. A matéria das suas composições é prosaica: não há grandes arroubos, sede de vingança, ímpeto destrutivo, gente se afogando no álcool ou pensando em se matar. É um tom coloquial, que faz pensar nas confissões de amigos que beberam além da conta, ou nas conversas de alcova entre amantes saciados. Um tom que não é dado somente pelas letras e melodias, mas também é preparado pela voz — uma voz que, na falta de palavra melhor, possui uma qualidade que chamarei de afeto. Uma voz que nos aproxima de nós mesmos.

Talvez se possa dizer o mesmo dos sambas-canção das antigas, mas vejo uma diferença. Quando escuto *Nunca* na voz do Jamelão ou *A noite do meu bem* com Dolores Duran, é como se entrasse em contato com uma época que já passou, uma época de dureza material e de rispidez emotiva — o mundo da minha avó, a dona Bertha, filha de imigrantes, telefonista no hotel Serrador, que se cortava com gilete e se queimava com o ferro de passar quando o marido sumia por duas ou três noites, e também do tio Ambrósio, seu irmão, boêmio da Lapa, solteirão convicto, sempre praguejando contra a vida. Tinha a impressão de que, para eles, viver era o oposto de sentir, e sentimento era cantar aos berros, num espasmo de violência — realçando os erres —, todo o destempero do mundo. Já quando ouço Roberto Carlos, especialmente os discos dos anos setenta, me sinto guiado através dos círculos inacessíveis da minha história íntima. Ou em contato com as imagens remotas da minha educação sentimental.

Se deixarmos de lado as muitas bobagens — cantigas de ninar ou hinos de fervor religioso ("Acalanto", "Jesus Cristo"), prédicas edificantes e delírios proféticos ("É preciso saber viver", "Todos estão surdos") —, as letras antigas de Roberto e Erasmo são como retratos em Polaroid, documentos improváveis na história das sensibilidades, repletos de imagens eloquentes: a velha calça desbotada, o café esfriando na mesa do motel, cachorros que sorriem latindo, um cabeludo aparecendo na nossa rua, cavalgadas que varam a madrugada. As pessoas que agem, falam, sofrem e gozam nessas canções são muito reais, com seus casamentos estilhaçados, relacionamentos traumáticos, amarradas a discussões intermináveis e casos sem solução. Pessoas com fantasias obsessivas ("sei que um outro deve estar falando ao seu ouvido") e desejos de evasão ("novamente eu penso ir embora, viver a vida que eu quiser"). Mas também inclinadas a cantar as satisfações provisórias ("pensando bem, amanhã eu nem vou trabalhar") e os pequenos prazeres da rotina a dois ("o beijo depois do café, o cigarro e o jornal"). Homens e mulheres que elegeram o amor como o "sonho maior", a "razão de tudo", e fracassaram nessa busca — a geração dos meus pais, plena em anseios irrealizáveis, espremida entre o ideal do amor romântico e as fantasias libertárias, e que suportou, mais na pele que em pensamento, as contradições de uma síntese impossível. Me instruí sobre o amor escutando esse canto, e reparando em como os adultos me *exibiam* esse canto.

Mas se às vezes tenho o impulso de me entregar a essas canções antigas, não é pela identificação com a mensagem das letras — de tão familiares elas quase já não afinam a minha percepção da experiência. É que a escuta prolongada dessas músicas me envolve numa espécie de névoa lírica, tornando o contato com a tristeza não apenas tolerável, mas prazeroso. Foi o que se deu ontem à noite. Após uns dias de extrema ansiedade pela pausa no contato com a Emma — o que tentei compensar com a escrita furiosa deste livro —, finalmente acusei o golpe. Agi nas últimas semanas como se fosse uma questão de tempo ela se separar do marido, certeza que me absorveu já no primeiro encontro. Não vai ser desse jeito, evidentemente. Acho que a noite de ontem foi sobre esse *evidentemente*, a brusca percepção de que os meus desejos não exercem uma força mágica sobre ela. É claro que Emma pode terminar o casamento. Mas não agora, e muito menos *para* ficar comigo. São dinâmicas independentes, lógicas autônomas, e essa clareza sobre o que estava por trás do seu silêncio me deixou arrasado. Não era só um joguinho, no fim das contas. Existe uma inviabilidade estrutural em nossa relação, e sobre isso ela me alertou desde sempre. Emma quer e não quer exclusividade — de todo modo, abomina recomeços. "Você quer monogamia fora do casamento e adultério no casamento", o velho Sabbath resmungava para Drenka, e ontem me lembrei dele. Por Emma, as coisas continuariam como estão, se não indefinidamente, ao menos por muito tempo ainda. A verdade é que não sei o que fazer com ela, e ela não sabe o que fazer comigo. Fomos brincar com fogo e terminamos com queimaduras de terceiro grau. Até poderíamos ficar juntos, mas eu teria de aprender a dividir — e isso eu não quero fazer. Não consigo. Está além das minhas forças.

Por que me recuso a deixar que as coisas permaneçam do jeito que estão, irresolutas? Por que não aceitar os benefícios da inércia? Aproveitar o momento, surfar no amor líquido, preferir uma vida interessante à cobiça da felicidade, viver alheio à espera, fruir a leveza dos afetos plurais? Acontece que não funciono dessa maneira. Meu mundo é cheio de consequências. É pesadão, lento, impreciso, turvo, dual — *meu mundo sofre de obesidade mórbida, meu mundo esmagaria o seu*. Busco incessantemente me reconhecer na pessoa amada, e ambiciono a mais plena das correspondências: o espelhamento. Esse modo desembestado de querer me conduz a relações problemáticas, como a que tive com a Hanna. Relações que se apoiam num ideal e, ao passarem para o terreno acidentado da realidade, se mostram deslocadas, anômalas. Ou se convertem em pesadelos distópicos. Ia pensando nesses assuntos, na minha falência sentimental, enquanto as canções rolavam meio indistintas. Comigo sempre foi o amor ou nada. Agora eu serei obrigado a atravessar um deserto.

Abri uma segunda garrafa de vinho, os anos setenta se aproximavam do fim. Já não queria pensar em coisa alguma. Estava saturado de mim mesmo, da minha própria ladainha, então aumentei o volume, fechei os olhos, e me deixei levar pela música e pela mágoa, uma provocando a outra, chamando a outra pra dançar —

Falando sério
É bem melhor você parar com essas coisas
De olhar pra mim com olhos de promessa
Depois sorrir como quem nada quer

—, e sem me autorrecriminar, deixei que viesse à tona o que há de mais patético em mim, o sentimento de despeito, o gozo pelo gozo, a satisfação no sofrimento, apenas porque aprendi que é assim que se ama de verdade e de outro modo não vale à pena, e era como se eu estivesse outra vez na sala de poucos móveis do apartamento da Tijuca, embalado por uma voz feminina, aveludada e grave, que me atraía à distância e tudo penetrava, e contra a qual os meus pequenos recursos, infantis mesmo, eram insuficientes. Não há na terra o que resista a esse canto, o canto das sereias, um canto que arrebenta grilhões e o mastro, e alimenta por toda a vida a paixão dos seduzidos. Não há como resistir a esse canto, e a tantas flutuações melódicas em torno de um único verso — o verdadeiro amor é sempre o impossível.

30 de julho

"Meus protagonistas são a voz de minha mãe, e meus pensamentos quando eu tinha treze anos" — Harold Brodkey, *Uma história ao modo quase clássico*.

*

Quem me disse para ler *Uma história ao modo quase clássico* foi o Ângelo ("olha esse título"). *O mestre e Margarida*, do Mikhail Bulgákov, foi o Antonio ("uma espécie de tradução do miserê geral do universo"). *Desesperados*, da Paula Fox, foi a Hanna ("existe a literatura 'Berlim é uma cicatriz aberta' e a literatura 'Foda-se o Coliseu, estou com calor'").

Jardim, cinzas, do Danilo Kiš, foi o Fernando ("o pai veio do arroio"). *Um caderno e tanto*, da Ágota Kristóf, foi o Rodrigo ("a história da minha infância lá no Fonseca"). *Passeios com Robert Walser*, do Carl Seelig, foi o Jonas ("a prosa da desistência, a palavra sem pátria"). *The last novel*, do David Markson, foi o Antonio ("tem fragmento, colagem, o escambau — e é bom pra cacete"). *O dicionário Kazar*, do Milorad Pavić, foi o Fernando ("a algaravia incessante do tempo"). *Dia de finados*, do Cees Nooteboom, foi o Ângelo ("tem um coro, e o Heidegger faz uma ponta como trapezista"). *Eu servi o rei da Inglaterra*, do Bohumil Hrabal, foi o Rodrigo ("a mesma praça, o mesmo banco, as mesmas flores e o mesmo jardim"). *Os belos anos do castigo*, da Fleur Jaeggy, foi o Jonas ("só me sentia à vontade nas regiões inferiores"). *A vida antes do homem*, da Margaret Atwood, foi a Hanna ("havia o seu quarto e havia tudo o que ficava fora dele"). *Verão em Baden-Baden*, do Leonid Tsípkin, foi o Antonio ("forma é copo, conteúdo é água"). *O mesmo mar*, do Amós Oz, foi o Ângelo ("leia este romance, vai te desinfetar da epistemologia"). *Jó*, do Joseph Roth, foi o Rodrigo ("possivelmente o melhor livro já escrito").

31 de julho

"As sereias entretanto têm uma arma ainda mais terrível que o canto: o seu silêncio" — Kafka, *O silêncio das sereias*.

1 de agosto

"Lutar com palavras é uma boa definição do que fazemos aqui". Acordo com os barulhos da obra e fico surpreso — sobretudo feliz — ao me deparar com uma mensagem da Emma. Seu silêncio durou só uns dias, mas vivi intensamente cada segundo dessa espera, checando o aplicativo de mensagens e me sentindo aflito se ela estivesse online, conversando com outras pessoas. Emma também me envia a foto de um poema, transcrito à mão no seu diário —

tudo se evapora

*O ciclo do dia
ora se consome
e o inútil duelo
jamais se resolve.
O teu rosto belo,
ó palavra, esplende
na curva da noite
que toda me envolve.
Tamanha paixão
e nenhum pecúlio.
Cerradas as portas,
a luta prossegue
nas ruas do sono.*

—, e o que me captura de imediato nem é o poema em si, mas a visão inédita da sua escrita: uma letra gorda e espaçosa (letra de adolescente), e o vigor ao marcar o papel (condizente com a personalidade). Noto também o sombreado das estrofes copiadas no verso da folha, se espremendo sem caber na página. O que explica o verso solto, avulso, que tomei por título do poema: "tudo se evapora".

*

"Letra grande, yo grande. Letra chica, yo chico. Letra linda, yo lindo" — Mario Levrero, *El discurso vacío*.

*

"Tudo o que é belo e sublime no mundo faz parte da beleza de quem amamos, e essa visão imprevista da felicidade enche imediatamente os olhos de lágrimas" — Stendhal, *Do amor*.

*

Enfim leio o fragmento, em busca de mensagens subliminares. Inútil duelo, tamanha paixão, cerradas as portas... Tudo e nada, o impasse e o desejo — e nenhum pecúlio.

*

Pecúlio, sm. — 1. soma de dinheiro economizada para qualquer eventualidade. 2. Benefício da Previdência Social, caso o segurado retorne ao trabalho após a aposentadoria, ou fique inválido por acidente.

*

Invalidez por acidente — se aplica à paixão romântica?

*

Constato um equívoco ao procurar na internet o restante do poema, que descubro ser do Drummond. Onde Emma escreveu "o ciclo do dia ora se consome", o certo é "o ciclo do dia ora se conclui". Ou talvez não se trate de erro, mas de ato falho, êxito no desvio: a recusa do fim e a prisão do eterno retorno (nossos dias não se concluem, eles nos consomem). Assinatura: a astúcia do acaso dando forma a um novo poema, portátil e efêmero. Como o romance em que vivemos.

2 de agosto

Aniversário da morte do pai. Só a caminho da análise, já de noite — espiando a vitrine de uma loja de roupas —, é que me dei conta da efeméride. Me entristeci com a lembrança, mas gostei de levar a melhor sobre os censores internos, as sentinelas implacáveis da minha vida psíquica.

*

Por muito tempo grifei os livros de trabalho com uma régua de metal. É uma régua antiga, da marca Kawasa, que o meu pai comprou quando fazia faculdade. Eu a descobri fuçando as gavetas meticulosamente organizadas do seu escritório, quando tinha uns quinze anos, e me apossei na mesma hora. Com essa régua, eterna ostentação de um pequeno furto, sublinhei as apostilas do colégio, os livros de direito, de história, e boa parte do que li para escrever a tese. Não faz muito tempo a aposentei. Mas em vez de esquecê-la no fundo de uma gaveta, preferi mantê-la perto de mim, como um troféu ou uma pequena relíquia. Agora mesmo, enquanto transcrevo e reescrevo no processador de textos as entradas que, já faz alguns meses, rascunhei à mão no diário de releituras (com a pachorra do prisioneiro cavando o túnel por onde irá fugir), agora mesmo a régua reflete e distorce as sombras do meu rosto, e isso me faz pensar no contraste entre a sua solidez de objeto e a fragilidade da minha carne e consciência.

*

Durante a sessão, me veio à mente o sonho que tive, tempos atrás, com o Barack Obama e a letra W., que era o meu nome. Na interpretação da analista, é um sonho sobre amor romântico (o árabe-judeu como anseio de fusão com o ser amado), mas também sobre paternidade (o presidente como signo do pátrio poder). Ainda assim, ela achou que não solucionamos a principal charada, a simbologia de W. É o livro do Perec, eu disse, mas ela não se convenceu. "Algumas falas eram em inglês, certo? Será que W. não evoca uma palavra nesse idioma? *Wife*, por exemplo." Tive certeza de que não era essa palavra, e só então me dei conta. W. é *work*. Trabalho, obra. A herança que escolhi, o vínculo com o pai, o seu nome e o meu — a linha traçada com uma régua de metal, a régua que usurpei.

3 de agosto

A luta prossegue nas ruas do sono. Ontem sonhei com a Emma. Não a pessoa a quem atribuí esse nome, mas a personagem que inventei partindo dela, multiplicando-a. Eu estava num set de filmagens, era o diretor e tentava mostrar a uma atriz jovem e franzina, de cabelos chanel lisos e pretos (talvez fosse a Uma Thurman em *Pulp Fiction*) como devia atuar. Mas ela não era muito boa. Ou era boa, porém rebelde, e recusava as instruções. O desacordo entre personagem e pessoa real me exasperava, e já estava prestes a desistir do filme quando fui acordado pelo clique do celular. "Adorei a resenha do romance da Lydia Davis, escrita pelo seu amigo, o Antonio. Te mando o link, caso você não tenha visto. A partir do que ele escreveu fiquei pensando sobre o nosso vínculo, e sobre o enigma da fascinação pelo outro. Toda a conexão que fomos tecendo num espelho da literatura. E o recurso à letra do texto para melhor nos entendermos, nos explicarmos. Será que a nossa atração não passa pelas ficções que criamos? A ficção de que sou uma mulher solteira. De que só tenho compromissos comigo mesma. Ou de que você busca em mim alguma outra coisa que não o infortúnio".

A mensagem da Emma me deixou com vontade de ler *O fim da história*, mas não tinha o livro em casa. Eram sete e quarenta da manhã e livrarias não abrem tão cedo — ao que parece, leitores são seres desprovidos de urgências matutinas. Como não pegaria mais no sono, decidi ir a pé até a Travessa de Botafogo. Daria uns cinquenta minutos de caminhada, talvez um pouco mais, e o passeio poderia entrar na cota dos prazeres diurnos de finalidade terapêutica. Não me arrependi. A manhã estava agradável, o céu azul e sem nuvens, a temperatura amena, o sol fraco de inverno, a calma do início do dia destoando apenas do trânsito pesado, furioso. Precisava ocupar duas horas inteiras, então diminuí o passo e, mentalmente, tracei uma rota inusual, feita só de desvios. No trajeto até a livraria só o que fiz foi pensar na Emma, no que ela chamou de "nosso vínculo".

Homem e Mulher se conhecem. Ele é professor, ela é aluna. Ambos gostam do que fazem, têm interesses em comum. A diferença de idade não é absurda, e é possível que haja uma tensão (chamemos de fagulha), uma fagulha que eles preferem, ou ela prefere desprezar (o mais provável é que a fagulha só exista na mente fantasiosa de Homem). O que sentem um pelo outro, na realidade, é admiração: ela o admira por ele ser dedicado e competente no que faz, ele a admira por ela ser dedicada e competente no que faz. Nunca mais se veem, anos depois se reencontram. Já não há desnível, nenhuma verticalidade: Homem e Mulher são agora colegas de profissão, ele com trinta e muitos, ela com trinta anos, e embora objetivamente a diferença de idade seja a mesma de antes, nessa etapa da vida isso já não faz a menor diferença. Ele dá em cima dela, mas talvez só esteja sendo simpático. Começam a se frequentar, mesmo que à distância. A admiração persiste. Eles não se acham feios. Algo restou do modo antigo como pensavam no outro, laço de uma história comum (de novo a fagulha?). Algo restou do engajamento peculiar em que estiveram envolvidos, um engajamento que, para que funcione de um modo pleno, exige altas doses de empatia (e algum erotismo). A roda começa a girar, a história comum alimentando a fantasia, a fantasia alimentando a projeção, a projeção alimentando o desejo. Logo Homem e Mulher se veem implicados numa trama que nem mesmo chegaram a fabular, enredo que os antecede em séculos, talvez milênios: um romance de aventuras e de provações, com fundo geográfico amplo, envolvendo viagens, cálculos e ardis. O clímax da trama (ao menos na ótica do herói) só pode ser a união feliz do casal em matrimônio. Eis a primeira desavença (de outro modo não seria o romanesco). Homem e Mulher discordam quanto ao desfecho da história, mas talvez a divergência seja um aspecto estruturante, um traço dessa relação. Seja como for, o herói é afoito e estabanado. Não entende que romances têm um ritmo próprio, subidas e descidas, peripécias, e que eles precisam se estender, precisam durar (é o tempo da aventura). É evidente que a heroína não se levará pelo arrebatamento, e que entraves sucessivos retardarão o enlace. Os apaixonados devem se separar depois do primeiro encontro, ou não terão certeza do que querem. Devem desistir para que voltem a se procurar. Devem se encontrar outras vezes para reacender a chama. Devem interpretar os presságios trazidos pelos sonhos. Viverão por muitos anos à mercê das intempéries, barcos sem rumo. Se ao menos fosse o tempo épico, a era das epopeias, o mundo de Virgílio ou de Homero, talvez coubesse ao herói conceber um estratagema, algo drástico. Raptar a heroína, por exemplo. Mas a trama em que se envolveram é de natureza prosaica, nada poética. É um mundo de miudezas, de postergações, de pequenas intrigas. E o herói está escaldado: passou a última década enredado em semelhante fadiga, quando ele e outra heroína, depois de muitos anos singrando os mares bravios da solidão a dois, finalmente se encontraram e foram felizes para sempre. Só que não foram felizes para sempre, talvez tenham sido felizes por um punhado de meses (daí que o herói queira pular a etapa das dificuldades e ir direto aos benefícios). Mas ela é uma heroína ao modo quase clássico, o que tiver de acontecer não resultará de decisões intempestivas (o romance de aventuras é sempre um calhamaço). Serão anos de monólogos interiores, divagações sobre a inclemência do destino, sobre a importância das privações, sobre os martírios da culpa, monólogos que vão se repetir e acompanharão o crescimento da filha e o recrudescimento das cizânias com o cônjuge (o antagonista, ao menos nessa trama). Talvez eles aguardem uma intervenção divina, ou a dissolução natural dos vínculos. Ela está presa a uma ambiguidade, uma divisão (que heroína não está?). Diz uma coisa e faz outra, alega a necessidade de romper e ressurge com o seu canto. Isso faz dela uma personagem intrigante, sempre alternando palavras duras e gestos de ternura (o romance é de aventuras, mas o fundo é psicológico). Já o herói não sabe como agir. Pensa em se amarrar ao mastro do navio e vedar os ouvidos com cera mole — quem sabe consiga fincar os pés na outra margem —, mas a verdade é que se sente a cada dia mais impelido para a heroína, para a áspera doçura do seu canto, e cogita fazer novos cálculos, planos de travessia, enfrentar naufrágios, piratas, monstros marinhos. Cogita desafiar o antagonista para um duelo.

4 de agosto

Já de posse do livro voltei para casa e cochilei. Só depois do almoço comecei a leitura — e nada ali me fez pensar na Emma, o que considerei saudável, sinal de que as minhas faculdades analíticas não tinham se danificado com o enamoramento. Na realidade, o que aconteceu é que já nas primeiras páginas o romance ativou as memórias de um curto relacionamento que tive dois anos atrás, quando eu e Hanna nos separamos pela primeira vez. O nosso casamento tinha chegado a um ponto insustentável em Nova York, e resolvemos terminar quando voltamos ao Brasil. Logo me envolvi com outra mulher, bem mais jovem do que eu. Apesar da separação recente, me apresentei como um sujeito sem amarras (não comentei que vivia à base de soníferos e tranquilizantes). E imaginei que era sincero no que dizia: voltar para a Hanna era mesmo impensável, até o exato momento em que, num rompante, dois meses depois da separação, nos vimos impelidos a reatar, por razões que jamais ficaram inteiramente claras a nenhum dos dois.

O fim da história é sobre um envolvimento dessa natureza: só que aqui o relacionamento é entre uma mulher chegando na meia idade e um homem bem mais jovem. Quando eu estava junto dela (como nomeá-la? Mariana? Por que Mariana e não Letícia? Por que Letícia e não Hermengarda?), quando estava com Mariana (não consigo), quando estava com a moça mais jovem (péssimo), quando estava junto dela (sigo Lydia Davis e não nomeio) era como se um muro nos separasse. Ou melhor, um fosso: eu a enxergava, ela aparecia no meu campo de visão, mas me sentia incapaz de alcançá-la, de chegar até ela. Acho que essa distância podia ser medida pelos silêncios: quase sempre flutuávamos num espaço vazio, região aquém do discurso, a terra de ninguém das sensações puras. Apesar dos silêncios, era leve. Ou era leve por causa dos silêncios. Eu gostava da sua companhia, do seu beijo. Gostava da sua pele. Era como se a pele não fosse um órgão do seu corpo, mas um ser autônomo, invólucro teso que eu temia rasgar com os meus toques e mordidas. O fato de ela estar no mundo há bem menos tempo que eu me interessava, me estimulava —

Era como se eu participasse do comecinho da vida dele, de sua vida como adulto, e isso era empolgante para mim. Havia nele uma força simples que tinha a ver com sua juventude, um vigor puro, e uma sensação de possibilidades ilimitadas, que era algo que mudaria, eu pensava, em doze anos. No começo existiam todas as possibilidades, eu pensava, e com o passar dos anos algumas dessas possibilidades desapareciam. Eu não me importava, mas gostava de estar com uma pessoa que ainda não tinha passado por isso.

—, é que, embora ela tenha saído de casa muito cedo, embora fosse experiente no sentido de alguém que teve uma quantidade razoável de experiências antes de me conhecer, ela nunca tinha se envolvido emocionalmente de um jeito tão forte, e essa qualidade de ineditismo, a ausência de filtros, a honestidade comovente da sua paixão, tudo isso fez com que eu me sentisse gostado de uma maneira incomum, um gostar que não impõe contrapartidas, um gostar de bicho. Também para mim isso era inédito.

Ela tinha a convicção de que eu a magoaria. Mesmo assim foi um choque quando disse a ela que reataria com a Hanna. O que aleguei foi que precisava retomar aquela história interrompida, ir até o fim, ver aonde tamanha insanidade me conduziria. Estávamos num bar, ela não disse nada, não esboçou reação. Simplesmente levantou e foi embora. De noite nos falamos por telefone, e nessa hora ela chorava, soluçava, e eu chorei também, mas por razões diferentes das suas. Chorei por minha infâmia, por minhas certezas estúpidas, pela minha fraqueza, por ser prisioneiro num castelo em ruínas. Chorei porque magoava alguém que gostava de mim e me fazia bem. Chorei porque me fixaria de forma lesiva na sua história, e os danos da minha passagem por sua vida seriam percebidos por muito tempo ainda — e talvez fixassem permanentemente um padrão sentimental.

Não nos falamos mais. Até que, não faz muito tempo, ela me escreveu. Disse que estava tudo bem, que já não sentia raiva de mim, mas precisava perguntar uma coisa: se eu acreditava que, ao menos do ponto de vista emocional, o nosso relacionamento tinha sido abusivo. Eu não soube o que dizer, mas pensei muito tempo no assunto, e me senti culpado. Ela estava certa de que sim, de que o relacionamento tinha sido abusivo do ponto de vista emocional, mas que isso já não importava tanto — não teria dado certo de qualquer maneira, foi melhor cortar os vínculos logo no começo. E como se o simples gesto de me fazer a pergunta fosse mais importante que a resposta procurada (ou talvez porque nada do que eu dissesse traria algum conforto a essa altura), ela mudou de assunto e me contou que ficaria sem casa por algumas semanas. Pularia de sofá em sofá, já tinha acertado os detalhes com os amigos, mas uma noite ainda estava descoberta. Foi quando me perguntou se podia dormir aqui (sem sexo, fez questão de ressaltar). Só pode ser um teste, pensei. Mas e se for, qual o problema? Acho que posso me sair bem nesse teste. Tenho condições de ser aprovado. É uma boa oportunidade de mostrar que mudei. E quem sabe? Foi tão bom naquela época... Ia pensando essas coisas quando me dei conta: nos quase dois meses que ficamos juntos, ela não havia dormido aqui nenhuma vez. Eu sempre mencionava as minhas dificuldades com o sono e chamava um táxi para ela, mas a verdade é que a Hanna tinha uma cópia da chave, e vinha sem avisar quando precisava de uma roupa ou de um utensílio doméstico. Sua presença ainda era forte no apartamento, na minha vida. Me sentia como se a estivesse traindo, ou como se a pior forma de traição fosse dormir, e não transar com outra pessoa. Mas talvez não fosse nada disso. Talvez não a deixasse dormir aqui por pura "incompreensão, egocentrismo, crueldade, tolice, imaturidade emocional e incompetência afetiva", como leio na resenha do Antonio.

No dia acertado, cobri o sofá com um lençol e deixei tudo pronto — pensei em oferecer a cama, mas não sou tão generoso, e minhas dificuldades com o sono são bem concretas. Saímos para comer uma pizza. Voltamos, bebemos cerveja, ouvimos música. Pela primeira vez a conversa fluía, pela primeira vez falávamos mais do que deixávamos de falar. Ela me contou dos seus novos interesses: comidas orgânicas, viagens de cogumelo, coletivos feministas, uma cooperativa de produtos sustentáveis. Talvez quisesse a minha aprovação, ou me mostrar que tinha superado tudo e estava melhor sem mim. Ou não era nada disso, e, em vez de me testar, era ela quem se testava, buscando compreender a natureza de uma afeição que, apesar dos danos causados, ainda persistia, cismava em durar. Ela estava tão magra que tive a impressão de que os ossos rasgariam a sua pele por dentro, caso se mexesse de um jeito brusco. E a achei atraente, senti vontade de beijá-la. Mas não tomei a iniciativa. Nos deitamos no tapete da sala (as minhas costas doíam) e passamos um bom tempo abraçados em silêncio, ouvindo o disco *Transa*, do Caetano. Até que comecei a acariciá-la. Com um sorriso sereno no rosto, ela afastou as minhas mãos e falou: "não saberia o que fazer com o seu corpo, quero apenas o seu cheiro e a sua cabeça". Quando acordei, ela já tinha ido embora. Na mesa da sala, um pequeno bilhete num post-it laranja: "roubei uma tangerina e abri a caixa de leite. Não sei montar o seu sofá. É a primeira vez que saio da sua casa em um horário decente. Me sinto regenerada".

5 de agosto

Um dia bonito lá fora. Turistas se aglomeram para a abertura das Olimpíadas, militares armados até os dentes protegem os turistas. Pessoas se embriagam, fazem amizades, flertam e se beijam sob um delicioso sol de inverno — tudo isso do lado de fora. Aqui dentro, o açoite. Só há lugar para os rigores da obra.

*

Há oito anos, exatamente, assisti numa padaria à abertura da Olimpíada de Pequim. A inominável estava comigo, fazendo hora até o começo da missa de sétimo dia pela morte do meu pai. É surpreendente que a pessoa com quem dividi a vida por quase dez anos não passe, neste livro, de uma sombra. Não penso nela, não falo sobre ela (mesmo com a analista). Mal consigo pronunciar o seu nome. E, no entanto, acreditei que ficaríamos juntos até o fim. O amor como servidão voluntária, como pena irremissível.

6 de agosto

"Hoje acordei com saudade de você, talvez por ter relido as mensagens sobre o nosso primeiro beijo. Mensagens que reli apenas para apagar".

7 de agosto

"Aí está o que tivemos de melhor!", diz Frédéric a Deslauriers na última cena de *A educação sentimental*. Ele se refere à visita que fizeram, trinta anos antes, ao estabelecimento de Zoraïde Turc, a Turca — lugar de perdição, obsessão secreta dos adolescentes. É domingo e os jovens Frédéric e Deslauriers se penteiam demoradamente. Vestem-se com zelo, colhem flores no jardim da Senhora Moreau. Fingindo pegar o caminho dos vinhedos, rumam para a casa da Turca. O pálido Frédéric oferece flores a uma das moças, e é como se estivesse se dirigindo a uma pretendente, à sua futura noiva. Talvez por se sentir inseguro, ansioso, porque fizesse calor e temesse o desconhecido (quem sabe era remorso antecipado), ou então por estar diante de tantas mulheres bonitas e disponíveis, Frédéric não sabe como agir. Fica mudo, estático. As moças riem do seu embaraço, se divertem com tamanha atrapalhação, e Frédéric, acreditando que elas fazem troça, foge sem dizer uma palavra, com o amigo em seu encalço. "Sim, se calhar foi mesmo", Deslauriers concorda. "Aí está o que tivemos de melhor!".

8 de agosto

"Me pergunto se você ia querer tanto ficar comigo se eu não fosse comprometida. Para você, um amor possível revelaria imediatamente a condição de fracasso". Pergunto a Emma o que ela entende por amor possível. "O nó feito de duas liberdades enlaçadas", ela me responde. "E a rotina de quinze mil noites juntos".

*

A vida está na paixão, e nenhuma paixão resiste ao casamento — Balzac, *Fisiologia do casamento*.

*

A paixão como estado obsessivo, no qual tendências muito antigas e esquecidas de ódio, rivalidades de parentesco ou de sadismo e masoquismo são revividas de modo inconsciente — Morton Hunt, *A história natural do amor*.

*

Uma vida entregue às paixões, diziam os filósofos antigos (estoicos e epicuristas), é uma vida de sofrimento, de desgoverno, uma vida sem autonomia.

*

"O herói do moderno cinema americano é sempre um amante romântico, como o herói dos velhos épicos árabes é sempre um epiléptico" — Ralph Linton, em 1936.

*

Como qualquer outro que deseja, deseja o que não está à mão nem consigo, o que não tem, o que não é ele próprio e o de que é carente — Sócrates, no *Banquete*.

*

A associação de dois entes para suportarem os dissabores da vida — Balzac, *Fisiologia do casamento*.

*

Se o amor é tempo, não pode ser eterno. Está condenado à extinção ou a se transformar em outro sentimento — Octavio Paz, *A dupla chama*.

*

O amor é um ódio feroz entre duas cópulas — Bourget, citado por Gay, citado por Costa.

9 de agosto

Passando por fotos antigas no celular, encontro uma que ainda não tinha visto: da Emma, pouco antes da nossa despedida. Foi tirada no Forte de Copacabana, na confeitaria Colombo, o céu claro, o mar ao fundo, a tarde abafada, o guarda-sol inclinado sobre a mesa, a sombra providencial. Ela está de óculos escuros e tem as mãos enlaçadas na altura do peito. É impossível dizer para onde os seus olhos apontam. Certamente para um local fora do quadro, as belas montanhas do outro lado da baía, por exemplo. Ou talvez ela mire um ponto indiscernível, situado não no agora, mas no futuro próximo: a volta para casa, as semanas seguintes, a continuidade da vida. É nítida a sua tensão. O dedo indicador da mão esquerda esticado, rígido, como se ela enumerasse para si mesma, e em silêncio, os seus próximos passos — ou como se invocasse, como numa pintura renascentista, uma súbita e reveladora resposta dos céus. Dou um zoom e me aproximo do seu rosto. "Por que gozamos deliciosamente de cada beleza que descobrimos em quem amamos?" (Stendhal). Percorro com os olhos os mínimos detalhes dessa fisionomia que tanto me agrada, os cabelos escorridos e muito pretos, o queixo anguloso, os "lábios cor de açaí", a sobrancelha cerrada, a pele de um cheiro tão característico, um cheiro que não sei definir, pois desconheço os cheiros do mundo, mas que poderia ser uma mistura de terra molhada com cinza de lareira, cheiro de anúncio de tempestade. Nas lentes metálicas dos seus óculos, vejo os reflexos do mar e de uma ilha solitária — e sem a imagem das mãos entrelaçadas, excluída da cena com a redução no enquadramento, Emma parece sorrir. É como se ela já não enxergasse o que se passa ao seu redor. Parece olhar para dentro de si mesma, distendendo o agora, conservando o instante, se demorando mais um pouco — enquanto ainda é possível — no efêmero presente, que já vai se tornando passado.

*

"Tirar uma foto é participar da mortalidade, da vulnerabilidade e da mutabilidade de outra pessoa" — Susan Sontag, *Sobre fotografia*.

10 de agosto

E resumiram as respectivas vidas. Ambos tinham falhado, tanto o que tinha sonhado com o amor como o que tinha sonhado com o poder. Qual a razão disso?
— Talvez a falta de uma linha reta — disse Frédéric.
— Para ti, pode ser que seja. Eu, pelo contrário, pequei por excesso de retidão.

Posso dizer, como Frédéric, que fracassei no amor? Ele não era tão mais velho que eu quando chegou a essa conclusão. Assim como a ele, me falta nas questões sentimentais a predisposição de me mover em linha reta — já em todo o resto, nos demais setores da vida, talvez eu peque, como Deslauriers, pelo excesso de retidão. Minha vida amorosa é uma espiral infinita. Quando presumo ter ido em frente, estou na verdade girando ao redor de um centro oculto, atraído por uma força magnética cuja lógica me escapa — o "campo gravitacional das coisas esquecidas".

11 de agosto

Sonhei que acessava o gmail da Hanna, e vasculhava as suas anotações de caráter íntimo. Faz pouco tempo ela terminou *O vespeiro*, e todos os dias me pergunta se lerei o romance. Fujo, não sei se quero. Visualizo as suas mensagens e não respondo. Talvez por isso tenha sonhado com ela.

DIÁRIO AMERICANO *(fragmentos)*

20 de outubro de 2013

Ontem a Hanna nos trancou no quartinho, batendo a porta com a chave na fechadura. O mecanismo travou e só percebemos hoje cedo, na hora de sair de casa para tomar um café com o Yes/No. Tivemos de ligar para um chaveiro, que cobrou um preço extorsivo — quase cem dólares — apenas para vir aqui virar a chave.

21 de outubro

Sobre o episódio da chave: é evidente que foi um ato falho. Vendo que as coisas estão degringolando numa velocidade espantosa, a Hanna nos encarcerou. É como se, com esse gesto, ela dissesse que não há nada para a gente na rua, que tudo o que precisamos enfrentar está do lado de dentro, aqui no quartinho.

1 de novembro

Hanna passou o dia em silêncio. É difícil, não sei o que dizer a ela. Me sinto culpado por ler muito, por ir três vezes por semana à biblioteca (ela desistiu da biblioteca, desistiu de escrever ficção, desistiu dos cursos livres, desistiu das aulas de dança). Me sinto culpado por fazer pouco turismo. Me sinto culpado por escrever um conto em vez de um artigo acadêmico. Muitas vezes, quando a Hanna começa com as suas queixas, digo a mim mesmo que ela não passa de uma menininha tola e mimada: estamos em Nova York, afinal. E, no entanto, sei muito bem que as coisas não são assim tão simples. Largar o antidepressivo antes da viagem foi um erro. Eu avi-

sei, previ que seria desse jeito. E ela não me ouviu. Sinto, aliás, que não se trata mais de ouvir. O que ela quer é ostentar seus lamentos, marcar posição, encenar os seus monólogos longos e repetitivos para uma plateia fixa, plateia de uma só pessoa: eu. É a forma que encontrou de suprir o vazio da literatura. Ou de fazer literatura por outros meios. O ingresso desse espetáculo é a nossa sanidade mental.

4 de novembro

Mais cedo fomos ao Central Park. Correr me fez bem, mesmo no frio. A natureza aqui não tem cheiro — é meio asséptica, mero cenário. Ainda assim, a visão das folhas secas e a sensação crocante de pisar sobre elas, ganhando velocidade no asfalto liso e nivelado, me tranquilizaram de um jeito que eu não imaginava. Cinema de noite.

10 de novembro

Um aspecto assustador da vida aqui é o constante barulho das sirenes. É como se as autoridades fizessem questão de reforçar, de dez em dez minutos, que incêndios e ataques cardíacos não param de acontecer, que precisamos estar alertas e o inevitável está sempre fungando em nosso cangote. É bem didático.

22 de novembro

Jantar na casa do supervisor. Um casal pleno: bem-sucedidos, carinhosos um com o outro, sabem receber, correm maratona, fazem alpinismo, escrevem sobre Derrida, preparam comida vegana para visitantes estrangeiros. A Hanna estava visivelmente desconcertada, é possível que eu também estivesse. Eles também convidaram uma visiting scholar *sul-africana*, loira e comprida, a cara da Gwyneth Paltrow. Ela publicou um livro sobre as figurações do estupro na ficção de Coetzee, e conversamos um pouco sobre os romances dele. É impossível entender Coetzee sem levar em conta a mácula do apar-

theid, *ela me disse. Tudo em sua literatura "é sobre" política. Tentei rebater, mas o meu inglês estava particularmente decepcionante — e de todo modo eu não queria parecer um formalista alienado. Depois do jantar, no metrô, mais relaxados, eu e Hanna tentamos levar a conversa para o lado pessoal. Perguntamos à Gwyneth se ela tinha muitos amigos aqui em Nova York. Sem tirar os olhos da revista que estava lendo, ela respondeu: I have enough friends.*

25 de novembro

Dia frio, o mais frio até aqui. O inverno começa a dar as caras. Não sei se estou preparado, sempre acho que falta alguma coisa — uma meia especial, uma blusa térmica. Imagino tempestades de neve e eu e Hanna trancafiados no quartinho. Ela se queixa de que eu não paro de comprar coisas, que os armários e a geladeira estão abarrotados, que já não temos onde pôr tantas roupas de frio. "Não estamos no Alaska. É Nova York. Tem uma loja de conveniência na esquina. Entregadores de pizza. Ambulâncias ruidosas. Ratos no vão de aquecimento. Tudo vai ficar bem".

28 de novembro

"Você acha que eu seria mais feliz se não tivesse me separado do Guilherme?"

10 de dezembro

Os moradores do andar térreo fizeram uma limpeza no apartamento. Ou se separaram e jogaram fora as tralhas. Não sei dizer o que aconteceu. Mas é como se um furacão tivesse passado pela entrada do prédio 136 da rua West 88th. Há lixo espalhado por todo canto, revistas, sacos plásticos abarrotados, móveis quebrados, gavetas reviradas, uma infinidade de papéis velhos esparramados na neve. Por dois ou três dias atravessamos essa zona, mas só ontem reparei numa foto, largada no chão. É de uma mulher muito velha, deitada num caixão forrado de branco, com o rosto pesadamente maquiado. A foto de um defunto, um defunto dos anos 1980. Quem guarda uma coisa dessas em casa? Eu devia ter tirado uma foto dessa foto. Mas não tirei. E agora não vou vestir a minha roupa de neve só para isso.

12 de dezembro

Biblioteca da NYU à tarde, dando os retoques finais no conto (se chama "A volta do boêmio" e basicamente é um relato da vida do tio Ambrósio). Não sei o que a Hanna fez o dia todo — cheguei há pouco no quartinho e ela mal olhou na minha cara.

18 de dezembro

"What's the point of forgetting if it's followed by dying?" — no sofá, bebendo vinho e assistindo no Youtube a vídeos do Joseph Brodsky lendo seus poemas, em inglês mas também em russo. Do lado de fora, menos cinco graus.

22 de dezembro

A semana toda no quartinho. Me sinto enclausurado em mim mesmo, depois de tantos anos num extenuante processo de expansão (a vida adulta é basicamente uma expansão contínua até o adoecimento da alma). Não sou quem eu pensava ser, quem me preparei para ser. Ao contrário do que imaginei, o meu potencial não é assim tão grande. Meu conto ficou uma bosta, minha pesquisa acadêmica não passa de uma ficção, não consigo falar inglês e o meu casamento é um hospício. Do lado de fora, vidas são vividas numa velocidade e numa intensidade espantosas. Essas vidas me oprimem. Começo a entender — acho — o que se passa na cabeça da Hanna, e a sua sensação de achatamento, de esmagamento em relação a mim. É possível que ela me veja da mesma maneira como enxergo as pessoas lá de fora, esses habitantes bem aclimatados à existência no centro do universo. Ajo como eles, tento imitá-los, e isso só aumenta o fosso entre nós dois. Tudo desmorona. Agora mesmo ela está diante do computador, roendo as unhas e chorando com depoimentos de anônimos da internet, em fóruns de depressão e pânico. Essas comunidades são como cidades fantasmas. Só os espíritos umbralinos ainda as frequentam. Mesmo o Prosa Contemporânea está abandonado, em ruínas — as pessoas já não dão as caras, quase não comentam suas novas leituras. Em breve, a comunidade será um cemitério de palavras. Acho que erramos, eu e Hanna, ao decidir ficar em casa esta noite. Poderíamos ter ido ao cinema, a um restaurante. Sair para tomar um vinho. Mas não deu. Impossível vestir todas aquelas roupas — três ou quatro camadas, luvas, gorro, cachecol — e arrastar as botas pesadas pela neve, apenas para pedir uma mesa, sorrir para os garçons, sorrir um para o outro e, uma hora depois, vestir tudo de volta, camada sobre camada, e retornar para a vida em cativeiro. Ao menos hoje isso estava fora do nosso alcance. Ainda há muito caminho até voltar ao Brasil. Muita neve pra pisar.

15 de maio de 2014

Cinco meses sem escrever aqui. A matéria desses cadernos é sempre perigosa — só os celibatários e os loucos deviam manter diários. Desde que passamos a dividir o mesmo teto, o apartamento da Santa Clara, eu e Hanna nunca escondemos os nossos cadernos. Pelo contrário: às vezes escrevíamos juntos, deitados na cama, e os largávamos sobre a mesinha de cabeceira com a certeza de que o outro jamais agiria com bisbilhotice, num surto de inconveniência. Era um acordo tácito. Mas logo nas primeiras semanas da viagem a Hanna abandonou o caderninho de capa azul. Preferia escrever direto no gmail. Era mais ágil, segundo ela, e não machucava a mão. Quando íamos à biblioteca do Lincoln Center, ou da NYU, ela raramente abria o processador de textos do notebook: dizia ter desis-

tido da literatura. O que ela fazia nessas tardes era escrever longos e-mails para si mesma, enquanto eu estudava ou trabalhava no meu conto, numa mesa afastada. Com a chegada do inverno ela desistiu das bibliotecas. Muitas vezes eu também não me animava a sair de casa, e foi numa tarde gélida de dezembro, pouco antes da virada do ano, que li o seu diário. A Hanna agredia as teclas do notebook com a brutalidade de sempre. O barulho me enervava. Era impossível me concentrar na leitura, mas não protestei: preferia aturar o estrondo das teclas sendo esmigalhadas a me envolver em mais um bate-boca inútil. Ela anuncia que vai tomar banho, se tranca no banheiro. Instigado pela leitura de um romance recente, que eu ia resenhar, mas cujo prazo acabei perdendo (sobre um escritor que lê o diário da esposa, entra em parafuso e decide se divorciar), resolvo fuçar o notebook da Hanna. Ele está na minha frente, aberto sobre a mesinha de centro, com o gmail conectado. Nunca abri o caderninho azul, mas a escrita furiosa no computador me inquietava tremendamente — era óbvio que havia algo ali, palavras potencialmente explosivas que exigiam a proteção de uma senha. De certo modo, a Hanna quebrava o pacto ambíguo dos escritores de diários: escrever para uso próprio, tendo a si mesmo como destinatário, mas aceitando o risco de ser descoberto — a iminência de ser pego em flagrante delito transportando para o papel verdades terríveis, frases que não devem ser lidas por ninguém. Abrir e ler esses cadernos é um gesto instintivo. Simplesmente é mais forte que nós, e em algum momento a curiosidade supera os escrúpulos: o escritor de diários não apenas sabe disso como se interessa por esse dado psíquico e joga com ele. O diarista é um manipulador. Não há nada que eu escreva aqui (isto, inclusive) que não pressuponha a Hanna como intrusa. E com ela também era assim: você é o meu leitor implícito, ela costumava dizer. Eu gostava dessa posição, mas as coisas mudaram de figura. Nossos mundos já não se misturam. Ela aproveitou essa viagem — a viagem dela — para escrever uma declaração de independência e demarcar nitidamente os territórios da sua imaginação: o que faço no processador de textos é literatura, essa parte da minha vida você *pode seguir de perto, isso se um dia eu voltar a escrever; já o resto reservo a mim mesma, e a esse setor da minha vida, lamento dizer, o seu acesso está negado. Desde o começo da viagem, a Hanna ergueu um muro entre nós, feito da mesma matéria que nos aproximou: as palavras. Eu queria transpor esse muro, espiar o que se passava do outro lado. Se tornou uma obsessão. O caderninho azul não me interessava — era muito fácil abri-lo, ali eu não encontraria nada que pudesse me machucar. No gmail era diferente: a impossibilidade do acesso me atiçava, me fazia aguar. Eu tinha certeza de que, no momento em que pusesse os olhos naquelas frases, iria me ferir. E não desejava outra coisa. Não que desconfiasse da Hanna, suspeitasse de uma traição. Nada disso. As minhas convicções eram de outra ordem. De um jeito ou de outro, o que quer que estivesse represado na sua cabeça respingava em mim como uma chuva ácida, sempre que ela teclava de forma ruidosa na minha frente. O que eu queria pescar nas águas salobras do seu diário eram as palavras por trás dos gestos: razões para a recusa dos meus toques, para os monólogos irritantes, para os longos silêncios, para tamanha hostilidade. O conteúdo da forma. O meu raciocínio era simples, quase simplista: se ela deixou o gmail aberto é porque quer a minha leitura. Mesmo hoje, cinco meses depois, sigo acreditando nisso — embora as coisas sejam evidentemente mais complexas. Eu não devia ter lido e ponto, mas li, e a verdade é que leria de novo, e outra vez, e mais uma, virando pelo avesso as gavetas inacessíveis da sua vida íntima e surrupiando os seus segredos até não restar nada de intocado. Escuto os barulhos do chuveiro — naquele dia como agora — e sei que a Hanna ficará trancada por um bom tempo: é um dos rituais da nossa vida comum, um dos combates que travamos diariamente nessa interminável disputa territorial. Me ajeito na cadeira, encontro no gmail a pasta onde ela salva o diário. À medida que leio as entradas, uma a uma, sinto o coração palpitar e o suor escorrer gelado pelo meu rosto. O que ela escreve ali não passa de uma variação, é bem verdade que mais cruel, da cantilena de sempre. É disso que se trata, afinal: o diário como um muro de lamentações, onde* ela pode bater a cabeça e improvisar melodias riquíssimas do mais puro ódio a si mesma. Apareço bastante no diário, como era de se esperar. Mas não como um Outro. Sou um pedaço anômalo dela mesma, a outra metade da sua carne putrefata. O hospedeiro indesejado. "Nada deu certo na minha vida", "tenho o mesmo emprego de merda há dez anos", "nunca tive um aumento", "apostei todas as minhas fichas na literatura e só recebo nãos das editoras", "meu segundo romance é um delírio, uma viagem alucinada ao redor do meu umbigo", "ele trabalha com crítica literária, deveria ter me obrigado a queimar aquele lixo", "conto os dias, me sinto aprisionada nessa cidade", "ele tem muitos objetivos, muitos amigos, e isso me sufoca", "todos os amigos aqui são dele, eu sou apenas a acompanhante, a mulher do próximo", "é a viagem dele, o pós-doutorado dele, são as glórias dele, as realizações dele", "ele está engordando e me sinto desvalorizada, sou vaidosa e ele não se preocupa com a aparência", "achei insensível da parte dele se propor a fazer literatura comigo nesse estado", "ele é meu único amigo, a minha única conexão com o mundo", "é como se tivéssemos sido irmãos em outra vida", "desconto nele todas as minhas frustrações", "ele é afoito, ansioso, e eu também sou assim", "casei com o meu melhor amigo e agora não tenho ninguém para conversar", "em vez de nos acalmarmos, nos deixamos ainda mais agitados", "ele vai à biblioteca e, como sei que ninguém vai olhar para ele, por estar tão desleixado, não me preocupo e não sinto ciúmes", "quando estamos juntos sinto que estou roubando o seu tempo de leitura, que os livros são mais importantes que eu", "eu sou ninguém, sou só uma pessoinha, just a little person", "minha vida sexual é insatisfatória", "ontem fomos ao cinema ver O azul é a cor mais quente, e me senti mal com aqueles corpos bonitos e atraentes se encostando", "gostaria sim de ter novas experiências", "quem sabe se estivéssemos num relacionamento aberto as coisas pudessem funcionar", "ele é ciumento e possessivo, sequer cogitaria abrir a relação", "estou delirando, eu também não conseguiria, sinto ciúmes", "não quero magoá-lo e não vou", "às vezes acho que deveríamos terminar, mas como?".

20 de maio

Em 15 dias voltaremos ao Brasil, e as memórias da viagem ficarão compactadas, embaçadas. Vão se tornar um grande bloco. Tenho pensado no apartamento da Santa Clara, tento reconstruí-lo em minha mente. Nem sempre consigo. Mas recordo com nitidez as madrugadas com a Hanna, ouvindo música à meia luz, bebendo vinho, planejando a viagem nos seus mínimos detalhes, sonhando acordado com as cidades que visitaríamos, fantasiando o nosso cotidiano no centro do mundo. Agora estamos quase de volta, e passo o dia indo de um lado a outro, resolvendo assuntos práticos enquanto vou cantando para mim mesmo os versos de um samba antigo: voltar quase sempre é partir para um outro lugar.

27 de agosto de 2016

Jantar na casa do Ângelo. *A natureza das coisas* foi aceito para publicação, mas não no Brasil: vai sair direto por uma editora argentina, de Rosário, numa negociação intermediada pelo Antonio. Foi uma noite agradável. Os amigos levaram vinho, os anfitriões (o Ângelo e a esposa) prepararam as comidas. Fiquei feliz pelo meu amigo. Quando estudávamos juntos e eu só queria saber de Kant e Hegel (cheguei a dizer que a leitura de romances era uma perda de tempo), ele me sugeriu pegar leve na filosofia, até por uma questão de higiene epistemológica, e me emprestou um exemplar surrado de *Anna Karenina*. Foi a partir dessa leitura que o bacilo da ficção, encubado no meu organismo desde a adolescência, voltou a se espalhar e colonizou meus desejos. "Malogramos sempre ao falar do que amamos" — das releituras que planejei, a de *Anna Karenina* foi única que me senti incapacitado a fazer. Jamais voltei a esse livro.

Eu estava feliz pelo Ângelo, mas não me sentia bem — estava cansado e enjoado. Agora há pouco, já em casa, agitado pelo vinho e sem sentir um pingo de sono, me dei conta de que, lá no fundo, eu me remoía de inveja do meu amigo, por seu sucesso nos dois setores da vida onde tenho fracassado de forma repetida: o amor e a literatura. Foi o esforço psíquico para recalcar um sentimento tão mesquinho o que me deixou sem energia, abatido. O fato é que passei a noite encolhido no sofá, sem vontade de interagir, checando o celular de tempos em tempos, inutilmente, para ver se havia uma nova mensagem da Emma. Às vezes penso que terminarei meus dias como o tio Ambrósio, esquecido no quartinho dos fundos da casa de um parente distante. Deve ser uma maldição familiar: a cada geração alguém terá que expiar uma culpa ancestral, fruto de vendeta já esquecida nas montanhas do Líbano ou de Trás-os-montes.

28 de agosto

Ao revirar o diário íntimo, noto que a abertura do caderno (janeiro de 2013) coincide com as primeiras desavenças que tive com a Hanna. E as primeiras desavenças coincidem com o início da preparação da viagem. Seria tentador dizer que Nova York arruinou a nossa relação, mas não corresponderia à verdade. Mesmo lá tivemos bons momentos: basta olhar as fotos daqueles nove meses. É o que faço agora. Qualquer um notaria em nossas fotos o mesmo que, ontem, observei entre os casais felizes no jantar do Ângelo: a cumplicidade no olhar, a sintonia nos gestos. O que essas imagens revelam é uma vida a dois bastante satisfatória: um casal que vai a restaurantes, visita pontos turísticos, frequenta museus, bebe vinho tinto, troca olhares apaixonados, registra diariamente suas miudezas domésticas, as pequenas epifanias da vida cotidiana. Está aí um contraste interessante. De um lado, a torrente de frases escritas no calor do momento, as anotações íntimas, as horas introspectivas, a soberania da tristeza: o diário. De outro, a crônica visual, a captura do imediato, o modo como nos deixamos afetar pelo mundo ao redor, os flagrantes de felicidade: a fotografia. Qual desses registros é mais condizente com a verdade da experiência? Onde a ficção comparece de maneira mais efetiva?

3 de setembro

Hoje a Hanna veio aqui, resgatar algumas roupas e tralhas — liquidificador, xícaras, brincos e outras coisinhas. Não nos encontrávamos desde a separação, nove meses atrás. Foi estranho revê-la. Achei-a menor do que me lembrava, mais frágil e compacta. Ela parecia bem à vontade e disse se sentir em casa: era como se nunca tivesse ido embora. Já eu estava amuado, tenso, alérgico. Mas aos poucos fui me acalmando, me soltando. Enchemos uma mala com roupas, ela pegou uns poucos livros na estante, nos abraçamos algumas vezes. E isso foi tudo.

4 de setembro

Ainda não tinha acontecido de eu estar acordado no horário em que a Emma envia as suas enigmáticas mensagens matutinas. Mas hoje cedo, naquela hora morta em que os notívagos ainda não foram dormir e os madrugadores já estão de pé, ela me viu online. E quis saber se eu voltava do encontro com alguma "guria". Eu estava lendo as nossas mensagens antigas, escrevi. "Pois era exatamente o que ia começar a fazer!". Conversamos demoradamente, como não fazíamos há tempos, sem estar no ringue, sem forçar dúvidas no outro, sem dissimular. Apenas duas pessoas que se gostam dividindo o tempo, liberadas por uns instantes das suas aflições, vendo o dia raiar em cantos distantes do país, preguiçosamente entregues a uma felicidade provisória, passageira, que é a única felicidade possível neste mundo.

Quando nos despedimos, o sol já entrava forte pelos furos da cortina. Me dopar com o sonífero àquela hora estava fora de cogitação, seria como assinar o atestado de óbito do meu domingo. E o mais provável é que não pegasse no sono de qualquer maneira: a conversa me deixou pensativo, melancólico. Me levantei, preparei um café forte, tracei um plano para este dia que já nascia atípico. Depois de quase dois meses retomaria a leitura de *Ruído branco*, do ponto exato onde a interrompi. Leria até cair exausto, até ser nocauteado pela ficção ou desmaiar de sono, e sob o impacto do fim do romance escreveria a última entrada do diário de releituras. São quase dois anos de decisões como esta, pensei. Dois anos de escolhas movidas a café e comida rápida. Dois anos temendo que a mão fique frouxa de uma hora para outra, e as frases comecem a brotar insípidas, sem sabor. Chega. É preciso dar um basta. Hoje é domingo, faz sol. A vida acontece do lado de fora. Não consigo passar mais um dia trancado neste apartamento, não posso engordar mais um único quilo. Não tenho forças para escrever sequer mais uma linha.

Mesmo cansado e sem estar nas melhores condições físicas, abri *Ruído branco* e fui imediatamente sugado pela leitura. E me deixaria levar pela fluência narrativa, pela expressão satírica de DeLillo por páginas e mais páginas, se não tivesse esbarrado, num diálogo quase sem importância, com um trecho de imensa familiaridade: a epígrafe do primeiro livro da Hanna, o que ela escreveu nos intervalos dos nossos e-mails e das nossas conversas em canais de bate-papo. *As pessoas se escondem mesmo quando não há ninguém procurando por elas.* Eu havia me esquecido dessa passagem, é como se ela tivesse se apagado dos meus arquivos mentais. E, no entanto, ao me deparar com a frase, ao vê-la devolvida ao seu contexto original de enunciação, tive o pressentimento de que a essência da minha história com a Hanna estava encapsulada nessa breve sentença, quase um aforismo. É provável que, para pessoas como nós, para pessoas como a Hanna e eu, não haja vida possível além do casulo. Estamos trancados em nós mesmos, fechados em nossas circunstâncias. Os caminhos que nos conduzem para fora são como saídas de incêndio, portas que só se abrem nas horas extremas, nos momentos de desespero, e logo se fecham e nos fazem sufocar com a fumaça tóxica de existências interiores sempre em combustão. Nossa fuga é sempre para dentro. Só nos abrimos para o mundo através de janelas irreais, projeções fantasiosas nas paredes da caverna. Esconder-se dos invasores, preservar-se das contaminações: eis a nossa condição vital. Durante algum tempo, eu e Hanna imaginamos dividir o cárcere, mas era tudo bobagem. Na prisão de si mesmo, no cativeiro das próprias fantasias, todas as celas são solitárias e mal iluminadas.

Meus planos ruíram num sopro, não resistiram a um quase momento de verdade, uma débil epifania — a epígrafe que tudo explica. Tentei seguir na leitura, mas me perdi em pensamentos, os mesmos que registro aqui. Então fechei os olhos e dormi pesadamente. Quando acordei o celular piscava, mensagem da Emma. É possível que ela venha ao Rio em dezembro para participar de um congresso. Mas não há nada definido. Conosco é sempre essa gangorra, um instante anulando o outro, o acaso cancelando planos traçados em minúcias por semanas a fio. Talvez essa insegurança apenas reforce o "nosso vínculo", em vez de arrefecê-lo. É uma relação que mimetiza a vida, afinal: nada se preserva e tudo se evapora. Nos agarramos ao instante porque é só o que temos à mão. De uma hora para outra, tudo pode, tudo vai se acabar. É só uma questão de tempo.

Só existem dois desfechos possíveis para um diário: a desistência ou a morte. Como gosto de viver, o que me resta é desapegar, largar de mão, abandonar o procedimento. Dias atrás, comprei um bom vinho, para beber enquanto escrevesse os parágrafos finais deste livro. Mudei de ideia — de qualquer forma, não vou terminar nada hoje. Peguei uma taça, abri a garrafa. Tomei um gole e concedi que o vinho, um Zinfadel americano indicado pela Emma, era realmente muito leve, muito saboroso. Tinha o gosto da Califórnia, gosto de terra fofa irrigada pelo sol da primavera. Não sei se pela memória sinestésica da viagem que fiz com a Hanna pela costa oeste dos Estados Unidos, Los Angeles, San Francisco, os passeios pelas vinícolas (uma ilha de tranquilidade durante uma travessia tormentosa), peguei na estante o meu exemplar do único romance que ela publicou (quase escrevi "o único romance que ela publicou em vida"). O mesmo exemplar que, cinco anos atrás, ela me deu de presente no nosso primeiro encontro desde 1999. Em todo esse tempo, nesses doze anos, vivíamos combinando um chope que invariavelmente desmarcávamos em cima da hora: era como se as nossas vidas não pudessem se tocar de nenhuma outra maneira que não fosse a literatura. Quanto a mim, a verdade é que tinha medo, medo de que ela não se sentisse atraída, de que me achasse gordo, de que a palavra falada não estivesse à altura da palavra escrita. Também tinha medo de me envolver, de me apaixonar e de romper os grilhões doces e suaves que me prendiam à inominável. Mesmo em prisão domiciliar, eu não imaginava a vida sem aquela rotina — o convívio com as cachorras, as discussões no fim do dia, os subterfúgios para manter uma vida dupla. Eu morreria cedo e estava resignado, aceitei a ideia. Se marcamos o chope, foi por insistência da Hanna: ela queria me entregar o livro, entendia que eu era parte dele. Marcamos num bar em Copacabana, num dia quente de dezembro, e já não me lembro da nossa conversa. Nada de memorável. Era melhor por escrito, sabíamos disso — e mesmo assim nos encontramos de novo, e de novo. Ela se recusou a escrever uma dedicatória: não havia palavras possíveis. Fiquei com vontade de beijá-la, mas tive certeza de que ela reagiria mal, me rechaçaria.

Deixei a Hanna em casa e fui encontrar a inominável no shopping. Como sempre acontecia quando estava inundado pela culpa, eu a tratei bem, fui cordial, e a ajudei na escolha de toalhas, lençóis e edredons — nos mudaríamos em algumas semanas para um apartamento maior, e ela queria renovar o enxoval. Pensar na mudança que não chegamos a consumar me parte o coração. Mas o que me restava fazer? Dar tudo por encerrado ali no shopping, em plena noite de sexta? Sem garantia de nada, baseado apenas na tênue esperança de que um antigo amor platônico pudesse se desdobrar em algo concreto, real? Não é assim que as pessoas agem. Não é assim que o mundo funciona. Mesmo quando sofrem, quando querem fugir, as pessoas fazem cálculos, medem consequências, pesam prós e contras. Comigo não é diferente. Nesses últimos dias, tenho pensado bastante na reação da inominável ao divórcio. Na época, para ficar bem, eu me agarrava ao fato de que, tecnicamente, eu não tinha feito nada errado. Fui honesto com ela, assim eu pensava, e de todo modo aquele casamento sequer devia ter começado. Tudo correto. Mas o fato de haver uma lógica, de a separação ter sido coerente — um gesto proporcional à nossa infelicidade —, nada disso me redime de tamanha frieza, da ausência de compaixão. Só recentemente, depois de passar pelo que a inominável passou, de estar na posição da pessoa rejeitada, descartada em nome do que quer que seja (mesmo que um anseio franco de liberdade), só então me dei conta de que eu poderia ter sido mais atencioso, menos impaciente. Por exemplo, quando ela me ligava no meio da noite, bêbada e aflita, se recusando a aceitar que eu preferisse estar com outra pessoa a estar com ela. É verdade, eu preferia. Hoje entendo a sua dor, sei do que ela está falando —

> *You don't know what love is Bukowski said*
> *I'm 51 years old look at me*
> *I'm in love with this young broad*
> *I got it bad but she's hung up too*
> *So it's all right man that's the way it should be*

—, e não vejo diferença entre a maneira como a inominável agiu comigo e a forma como reagi ao rompimento com a Hanna, os longos e patéticos e-mails de negação, as mensagens desaforadas, as ligações chorosas e falsamente saudosistas, as tentativas desesperadas de quebrar o muro da indiferença e alcançar novamente a terra perdida, regressando a um porto seguro que já não existe. Imponente, fascinado por meu próprio arrebatamento, a paixão que tudo cega, eu havia me imunizado aos lamentos da minha ex-mulher, sequer os escutava de verdade (como tenho certeza de que, meses atrás, a Hanna não escutava os meus). Na hora do naufrágio, só pensamos em nós mesmos. Cada pessoa é a sua própria tábua de salvação.

    Escondi o livro da Hanna na mala do carro, junto do estepe. Não havia em casa um lugar onde eu pudesse guardá-lo sem despertar suspeitas. Só quando a inominável foi passar uns dias com a mãe é que subi com o livro e o camuflei na capa flexível de *O asno de ouro*, de Apuleio, uma edição portuguesa. Naquele dia como hoje, li o romance da Hanna em quase uma sentada, na poltrona desbotada e cor de telha. O livro tem a duração de uma garrafa de vinho, e voltar a ele, agora há pouco, foi como passar os olhos num antigo álbum de retratos. Está ali a pessoa que a Hanna foi, a pessoa que eu fui antes de ficarmos juntos, as pessoas que deixamos de ser. *O mundo não é mais que um perene movimento*. Está ali o universo que construímos juntos, a nossa pequena metafísica. Estão ali as fotos do seu casamento com o Guilherme, do meu casamento com a inominável, e talvez, em alguma medida, como sempre acontece com a boa literatura, as fotos de todos os casamentos, ou ao menos dos casamentos das pessoas da nossa geração, jovens (como éramos naqueles dias e somos ainda hoje) que desconhecem o terreno onde pisam e vivem uma história que não é a deles, que nunca será a deles, a história dos seus pais, dos seus avós, histórias ancestrais que não pertencem a ninguém, histórias que são só histórias, não passam de narrativas. Mas essas narrativas são sólidas. Elas se sedimentaram e hoje se confundem com a própria realidade. Vivemos dentro delas e dificilmente conseguimos nos desvencilhar das armaduras feitas só de palavras, porque elas nos protegem e são como o ar que respiramos. Sem elas não restaria nada, seríamos tragados pelo vácuo, seríamos esmagados pelo contato direto com o vazio absoluto. Tudo é literatura: viver é narrar, narrar é inventar sentido, e sentido é aquilo de que necessitamos para não dar um tiro em nossa própria cabeça.

Jogo meu nome no Google, encontro a resenha que fiz para o livro da Hanna. É um texto deslumbrado e, talvez por isso, seja a melhor resenha que escrevi — George Steiner dizia que a verdadeira crítica é sempre um ato de amor. Sinto como se lesse não as minhas próprias frases, mas as palavras de um profeta: mais que o romance, resenhei a pessoa física, a autora em sua existência concreta, seu passado e seu futuro. "A narradora é uma filha enfermiça da vida, como o Hans Castorp de *A montanha mágica*", "seu lugar é o de não participante, o de observadora irônica e remota da realidade", "ela é dependente de estímulos externos, remédios e venenos de sua ansiedade", "a narradora estetiza mesmo as suas experiências mais corriqueiras", "até quando dá voz a outros personagens ela recorre a uma charmosa ladainha repleta de resmungos e de tiradas certeiras, variações meio histéricas sobre os despropósitos da existência", "ela é incapaz de amadurecer, de se desenvolver psiquicamente, de passar, por exemplo, da vida à literatura", "ela escreve, mas não fala em se tornar escritora; narra, mas não faz disso ficção", "ao fim ela rejeita a aproximação do amigo e 'condutor espiritual", a única pessoa a quem assegura voz autônoma na sua jornada particular ao redor do próprio umbigo", "agarrando-se à bidimensionalidade, a personagem condena-se à inação". Não só a resenha, mas a cena final do romance também me parece estranhamente profética. Nela, a narradora e seu "condutor espiritual" se encontram depois de dez anos de trocas epistolares. Mas falta a eles o tempo do real, tudo está aquém do universo de palavras que levaram anos construindo. A realidade é decepcionante. Se em algum momento a ideia de que ficariam juntos passou pela cabeça da narradora, se ela chegou verdadeiramente a acreditar que o amigo seria também o seu salvador, suas ilusões não resistiram a um almoço no shopping. Ao projetar a própria vida no espelho da ficção, é como se a Hanna enxergasse o que estava à nossa frente.

AGRADECIMENTOS

Alejandro Chacoff, Alice Sant'Anna, Andrea Daher, Antonio Marcos Pereira, Bernardo Brayner, Camila von Holdefer, Clarissa Mattos, Guilherme Freitas, Gustavo Naves Franco, Gustavo Silveira Ribeiro, Ieda Magri, Kelvin Falcão Klein, Luara França, Maíra Nassif, Maria Cecília Oswald, Miguel Conde, Paulo Roberto Pires, Ricardo Lísias, Rodrigo Rosa, Tamara Sender, Tiago Ferro.

Três capítulos foram publicados como ensaios autônomos, em versões preliminares. "Ensaio" apareceu como "Os detetives selvagens – diário de releitura", em *Toda a orfandade do mundo. Escritos sobre Roberto Bolaño* (organização de Antonio Marcos Pereira e Gustavo Silveira Ribeiro. Relicário Edições, 2016). "A coisa real" apareceu como "Diário de uma releitura", na revista *peixe-elétrico* número 3 (2015). "O círculo e a linha" foi publicado na edição 24 da revista *serrote* (2016).

SOBRE O AUTOR

Felipe Charbel nasceu no Rio de Janeiro, é formado em História pela UERJ e doutor em História Social da Cultura pela PUC-Rio. Atualmente é professor do Instituto de História da Universidade Federal do Rio de Janeiro (UFRJ). É autor de *Timoneiros: retórica, prudência e história em Maquiavel e Guicciardini* (Editora da Unicamp, 2010), e um dos organizadores de *As formas do romance: estudos sobre a historicidade da literatura* (Ponteio, 2016). Tem se dedicado nos últimos anos ao estudo da literatura contemporânea, com ênfase na ficção histórica. Publicou ensaios sobre escritores como Philip Roth, W. G. Sebald, J. M. Coetzee, Roberto Bolaño, André Sant'Anna, Laurent Binet e Ben Lerner.

2ª reimpressão [2023]
1ª edição [2018]

Esta obra foi composta em Minion Pro e Din sobre papel Pólen Soft 80 g/m² para a Relicário Edições.